나 그만할래!

Originally published in the U.S.A. under the title: I Quit!
Copyright ⓒ 2010 by Peter Scazzero and Geri Scazzero
Translation copyright ⓒ 2011 by Peter Scazzero and Geri Scazzero
Translated by Chang Seon An
Published by permission of Zondervan, Grand Rapids, Michigan, U.S.A.
through arrangement of rMaeng2, Seoul, Republic of Korea.

All rights reserved.

This Korean Edition Copyright ⓒ 2011 by Little David,
Hwaseong-si, Republic of Korea

이 한국어판의 저작권은 알맹2 에이전시를 통하여
Zondervan과 독점 계약한 다윗리틀데이비드에 있습니다.
신 저작권법에 의하여 한국 내에서 보호받는 저작물이므로
무단 전재와 무단 복제를 금합니다.

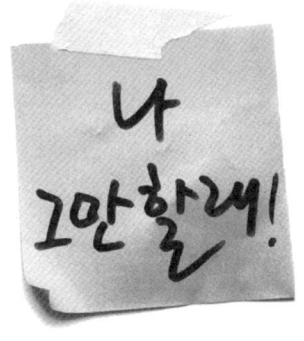

· 지은이 ·
피터 스카지로 Peter Scazzero
게리 스카지로 Geri Scazzero

· 옮긴이 ·
안창선

내가 섬기던 교회 사역을 그만두었던 일은 아내 게리가 했던 일들 중 가장 사랑스러운 일이었다. 당연, 그 순간에는 아내를 용서할 수 없을 정도의 수치심을 느꼈다. 그러나 하나님께서는 내 아내의 용기 있는 이 결단을 통해 내 삶도 오묘하게 변화시키셨다.

『나 그만할래!』는 게리의 이야기를 바탕으로 하고 있다. 하지만, 우리 모두가 공유해야 할 이야기이며, 이제부터 소개할 것들을 '중단하는 것'은 우리가 반드시 해야 할 일이라고 나는 믿는다. 많은 크리스천들이 영적인 성장과 심하게 단절되어 있다는 사실을 알아야 한다. 또한 그 속에 자신이 포함되어 있다는 것도 깨달아야 한다.

감사의 글 I

본서에서 소개하는 '중단하기'를 통해 가장 많은 것을 얻은 사람은 바로 나다. 지난 15년간 나는 아버지로서, 남편으로서 그리고 목사이며, 지도자로서, '무엇을 어떻게 포기해야 할지'를 배웠다. 처음에는 불가능해 보였다. 그러나 이 여정은 나를 꿈꾸지도 못하고, 누려보지도 못했던 자유와 기쁨을 가진 크리스천의 삶으로 이끌어주었다.

『나 그만할래!』의 원리들은 내가 담임하는 새 생명 교회 지도자들을 위한 영적성장 훈련의 근본이 되는 것들이다. 본서가 던지는 도전을 받아들일 담대한 크리스천들이 없다고 한다면, 나는 복음을 가지고, 효과적으로 세상과 맞서, 깊이 있게 삶을 변화시킬 수 있는, 건강하고 복음적인 공동체를 일으킬 능력이, 그리고 이런 능력을 가진 크리스천들이 우리에게 있는지에 대한 의구심을 버리기 힘들 것이다. 나는 많은 독자들이 본서를 통해, 풍성한 삶을 누리게 해 줄 '중단하기'라는 도전과 만나게 된다는 것에 흥분을 감출 수 없다.

나의 아내 게리를 사랑한다. 게리가 완벽한 사람은 아니다. 그러나 분명한 것은 26년의 결혼생활 동안, 그리고 지금까지도 내 인생 최고의 영웅은 내 아내라는 점이다. 또한 내 인생의 가장 크고 놀라운 선물이다.

새생명교회 담임목사 **피터 스카지로**

남편 피트가 없었다면 이 책은 나올 수 없었을 것이다. 나는 공상가이고, 그는 작가이다. 『나 그만할래!』란 제목을 정하고, 골격을 만들고, 살을 붙인 것은 나였지만, 내 안에 책의 모든 것들이 들어있다고 가르쳐 준 사람은 바로 피트였다. 『나 그만할래!』는 처음부터 끝까지 우리의 공동의 노력과 지난 14년간 영성 형성에 있어 놓친 것을 우리가 배웠음을 보여준다.

감사의 글 II

피트는 독특하고 훌륭한 사람이다. 그와의 결혼은 행운이었다. 피트의 매력적인 장점들 중 하나는 겸손과 배움, 그리고 성장과 변화에 대한 개방적 태도이다. 그는 이 책에 많은 관심을 보여주었으며, 책의 내용을 열정적으로 자신의 삶에 적용해왔다. 우리는 또한 '정서적으로 건강한 영성'이라고 부르는 놀라운 여정을 함께 하며, 성장하는 축복과 기쁨을 누렸다는 것을 알고 있다. 26년간의 결혼 생활 이후에도, 지속적으로 학습하고 성장하는 상태에 머물고 있는 것을 귀한 선물로 여기고 있다.

나는 나의 삶에 매우 깊은 영향을 주었던 두 개의 공동체에 소속되어있다. 첫째는, 언제나 강한 소속감으로 단결되어 있는 가족이다. 우리 가족은 사랑 구심점이 되어준 부모님들, 형제들, 시댁식구들, 조카 아들, 딸들로 구성된 대가족이다. 이들은 내가 변치 않는 가치에 뿌리내리도록, 그리고 가족의 후원가운데 머물도록 해주었다. 그리고 이들은 내가 언제나 감사하게 생각하는 엄청난 유산을 물려주었다. 이들이 내게 준 것들이 없었다면, 중단해야 할 '목록'

조차 만들 수도 없었을 것이다.

그리고 나의 다른 공동체인 새생명교회에도 감사의 말을 전하고 싶다. 나는 수년간 이들과 함께 변화된 사람이다. 이들은 내가 영성형성의 새로운 통로를 개척하게 만들었다. 우리는 수 십 년간 서로를 신뢰하고 사랑해왔다. 『나 그만할래!』에 표현된 진리를 수용할 수 있는 교회가 된 것에 감사의 말을 전하고 싶다.

그리고, 책을 쓰는데 '압박 없는' 스케줄을 가진 나를 참을성 있게 기다려준, 존더반 출판사와 편집에 수고를 한 샌디 밴더 지트에 감사드린다. 나를 대신해서 이 메시지를 전달하는 역할을 담당한 캐시 헬머즈에게도 감사드린다.

예수 그리스도를 향한 사랑으로, 우정과 피드백을 준 바바라 그리고 크리스 지아모나에게도 감사드린다.

몇 년 전 우리와 함께 하면서, 이 메시지에 대한 비전과 리더십을 보여준 더그 슬레이바우에게도 감사를 드린다.

끝으로, 내가 질식하는 고통을 느낄 때, 중서부에서 건너와 내게 '산소 마스트'를 건네준 나의 '천사들'에게 감사를 하고 싶다. 이들은 우리 사역의 결정적인 시기에 우리의 필요를 채워주고 환대해 줌으로써 내 영혼에 산소를 공급해 주었고, 처음 십 년간을 견딜 수 있도록 도와주었다. 하나님께서는 이들을 통해서 생계를 유지할 수 있는 많은 선물을 가져다 주셨다. 이들의 친절함이 없었다면, 지금 내가 뉴욕에 있을 수 있었을지 확신 할 수가 없다.

새생명교회 사모 **게리 스카지로**

'만사형통'은 성숙한 크리스천의 모습을 대표하는 말로 여겨진다. 우리는 그동안 신앙이 좋은 크리스천은 모든 것이 다 잘 되며, 좌절이나 분노 등의 부정적 감정들을 가져서는 안 된다고 가르치고 배워왔다.

본서는 10여 년을 사실은 그렇지 않음에도 모든 것이 괜찮은 척 했던 한 대형교회 사모의 이야기이다. 그녀는 자신이 느끼는 깊은 슬픔과 고통을 표현하는 것은 미성숙한 신앙인의 모습이라고 생각했다. 그러나 화나는 감정을 억누르고 무시하려고 했던 그녀의 필사적인 노력은 성공하지 못했다. 분노의 감정은 어떤 형태로든 새어나와 자신의 존재를 알렸다. 이것이 건강하지 못한 감정표현, 결혼생활, 그리고 신앙생활을 만들었다. 결국, 꼭꼭 누르고 숨겨왔던 좌절이 그녀의 모든 것을 소진시켰다.

역자 서문

대형교회 목회자 사모의 충격적인 한 마디, "나 그만할래!"는 우리에게 많은 질문을 던진다. 다소 이해할 수 없는 행동이기도 하다. 그러나 당신은 이 책과 함께 깊은 고민에 빠지게 될 것이다. 우리가 그동안 무의식적으로 주입받아 진리라고 여겼던 수많은 암묵적 규범들이 실제 성경적 진리인가? 나약한 크리스천만이 슬픔이나 고통, 그리고 좌절의 경험을 표현하는 것일까? 사람들의 생각과 시선에 완벽해 보이는 거룩한 종교행위와 훌륭한 어휘들로 이루어진 바리새인의 기도만이 성숙한 크리스천의 기도인가? 눈물과 상한 마음의 울부짖음을 정직하게 드린 새리의 기도는 미숙한 크리스천

역자 서문

답을 찾아가길 바란다. 동시에 이 책이 누리는 자유만큼 책임도 중요하다는 것을 전제로 하고 있음을 잊어서는 안 된다.

아무쪼록 이 작은 책이 자신의 영적 상태를 주변 사람들이나 하나님께 조차 드러내길 망설이고 있는 많은 크리스천들에게 영적인 정직과 담대함을 주며, 건강한 영적 생활을 돕는 도구가 될 기대해 본다. 끝으로 목회자의 길을 걸으시면서 우리 부부 또한 목회자가 되길 바라셨던 양가 부모님들께 깊은 감사를 드린다. 이분들은 우리의 부모님이자 영적 지도자요, 희생적 후원자이시다. 또한 시 부분 등의 번역을 도와 준 사랑하는 아내에게 고마운 마음 전하고 싶다. 아내는 나의 목회와 학업의 조력자이며, 내 인생 최고의 선물이다.

뉴헤이븐에서 **안창선** 목사

introduce

— 안창선 —

안창선은 총신대학교 신학대학원 목회학 석사과정(MDiv, Master of Divine)을 졸업하고, 미국 듀크대학교 신학대학원(Duke Divinity School, Duke University)에서 신약학 석사과정(Master of Theology on New Testament)을 졸업했다. 현재 미국 예일대학교 신학대학원(Yale Divinity School, Yale University), 종교학 석사과정(Master of Art in Religion),두 번째 성전이 존재하던 시기의 유태인들의 정치, 문화, 종교(Second Temple Judaism)를 전공하고 있다.

Contents

감사의 글 Ⅰ · 4 ·

감사의 글 Ⅱ · 6 ·

역자서문 · 8 ·

들어가는 말 · 12 ·

1장 다른 사람의 생각을 두려워하는 것을 중단하라 · 27 ·

2장 거짓말하는 것을 중단하라 · 57 ·

3장 자신을 죽이는 것을 중단하라 · 87 ·

4장 분노, 슬픔, 두려움을 부정하는 것을 중단하라 · 121 ·

5장 비난하기를 중단하라 · 159 ·

6장 과도하게 일하는 것을 중단하라 · 193 ·

7장 잘못된 생각을 중단하라 · 227 ·

8장 다른 사람의 삶을 사는 것을 중단하라 · 259 ·

참고자료 · 287 ·

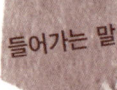
들어가는 말

더 이상 아무것도 할 수 없을 때

   이 책은 하나님의 통치를 받지 않으려는 것, 하나님 나라에 속하지 않으려는 것을 중단하고, 예수님을 따르는 것에 관한 이야기이다.

   크리스천 공동체는 전통적으로 무엇인가를 포기하는 것에 높은 가치를 두지 않았다. 오히려, 끝까지 포기하지 않는 것을 높이 평가해 왔다. 지금도 변함없이 우리는 '인내'와 '끈기'를 강조한다. 이 때문에 '포기'라는 것은 우리 모두에게 매우 낯설고 먼 개념이다. 나 역시, 포기하는 사람은 나약하고, 좋지 않은 아이라고 취급하는 환경에서 자랐다. 그래서 나는 내가 참여한 활동들을 그만두지 않기 위해 노력해 왔다. '포기'라는 것은 우리 자신뿐 아니라, 다른 사람들에게도 쉽게 용납되지 않는 일이다.

> 내가 이야기하는 '중단하기'는 연약함이나 절망 가운데 일어나는 '포기'를 뜻하지 않는다.

내가 이야기하는 '중단하기'는 연약함이나 절망 가운데 일어나는 '포기'를 뜻하지 않는다. 본서에서의 '중단하기'는 강인함과 진리 안에서 살면서, '선택'하는 것에 관한 이야기이다. 이것은 실제로는 그렇지 않은데, 겉으로만 모든 것이 만사형통하는 척하는 것을 중단하는 것을 의미한다. 또한 이것은 끝 모를 막연한 환상을 중단하는 것을 말한다. 환상은 결혼, 가정, 우정, 그리고 직장 등 어느 곳에서나 나타날 수 있는 보편적 문제이다. 안타깝게도 진리와 사랑이 가장 밝게 비추는 장소인 교회에서도 좋은 척, 잘되는 척하는 것을 쉽게 찾아볼 수 있다.

성경적 '중단하기'는 선택의 문제와 밀접하게 관련되어 있다. 우리가 우리의 영혼과 다른 사람들의 영혼을 파괴하는 것을 포기할 때, 우리는 사랑과 생명의 인도를, 그리고 이런 것과 관련된 길을 선택할 수 있는 자유를 갖게 된다.

- 다른 사람의 생각에 대한 두려움을 중단할 때, 우리는 자유를 선택하게 된다.
- 거짓말 하는 것을 중단할 때, 우리는 진리를 선택하게 된다.
- 비난하는 것을 중단할 때, 우리는 책임을 감수하는 것을 선택하게 된다.

● 잘못된 생각을 중단할 때, 우리는 옳은 삶 안에서 사는 것을 선택하게 된다.

'중단하기'는 성경이 옛사람이라고 부르는 그릇된 삶을 그만두는 방법이다. "옛사람을 벗어버리고 …… 하나님을 따라 의와 진리의 거룩함으로 지으심을 받은 새사람을 입으라. 그런즉 거짓을 버리고……."(에베소서 2:2~25)란 사도 바울의 가르침을 따르는 방법이다.

옳은 것을 위해 '중단하기'를 할 때, 우리는 변화한다. 우리가 "더 이상은 안 돼!"라고 말할 때, 우리 안에 있는 그 무언가가 제동을 걸어준다. 우리를 도우시는 성령님께서 우리 안에 새로운 해결책을 일으키신다. 이럴 때 두려움과 방어적 기제를 버릴 수 있다. 굳은 마음의 땅이 부드러워지고, 새로운 성장과 가능성을 받아들일 준비가 되어간다.

성경은 하늘아래 모든 것에는 적절한 시기와 계절이 있다고 말씀하고 있다(전도서 3:1). 여기 적합한 시기에는 '중단하기'를 할 때도 포함된다. 그러나 '중단하기'는 옳은 방법으로, 옳은 이유로, 옳은 시기에 이루어져야 한다. 이점이 바로 이 책에서 말하고자 하는 내용이다.

밧줄 자르기

1985년, 시몬 예이츠와 조이 심슨은 페루의 약 6,400미터의 산 정상에 도착했을 때, 예상하지 못한 재난을 당했다. 심슨이 떨어져 심한 다리 부상을 당한 것이다. 날은 점점 어두워졌고 눈보라가 몰아쳤다. 예이츠는 심슨을 안전한 곳으로 내려 보내려고 노력했다. 그러다 순간 헤어 나오기 어려운 얼음 절벽으로 심슨이 떨어지고 말았다. 심슨을 끌어올리기 위해 안간힘을 썼지만, 그것은 불가능한 일이었다. 예이츠는 지옥에 있는 기분이었다. 이제 결정을 해야만 했다. 심슨을 붙잡고 있는 줄을 잘라 자신의 생명을 구하고, 자신의 동료는 죽음으로 보내던지, 아니면 함께 죽음을 맞이하던지.

예이츠는 후일, 이 고통스러웠던 순간을 다음과 같이 설명했다.

"나는 그냥 거기에 있었을 뿐, 내가 할 수 있는 일은 아무것도 없었습니다. 한 시간 반 정도의 시간이 흘렀습니다. 내 위치는 갈수록 위험해졌고, 절망적인 순간이 계속되었습니다. 나는 내 밑에서 무너지는 부드러운 눈으로 인해 변덕스러워진 산을 타고 아래로 내려가는 중이었습니다. 나는 내게 주머니칼이 하나 있다는 것을 기억했습니다. 그리고 빠른 결정을 내렸습니다. 그런 상황에서 할 수 있는 최선의 선택이라고 생각했습니다. 내가 서 있는 위치에서 날 지탱해 줄 수 있는 것은 아무것도 없었습니다. 산을 벗어나서야, 칼을 버렸습니다."

예이츠는 자신이 죽음에 끌려들어가기 전에 밧줄을 잘랐다. 그는 심슨은 확실히 죽었을 것이라고 생각했다. 베이스캠프로 돌아온 예이츠는 죄책감과 슬픔에 사로잡혔다. 그러나 기적적으로 심슨은 절벽과 계곡을 기어 나와, 예이츠가 떠나기 불과 한 시간 전, 베이스캠프에 나타났다. 예이츠는 '중단하기'를 할 때 겪을 수 있는 내면의 중대한 고통을 이 사건을 통해 다음과 같이 설명하고 있다.

"그동안 단 한 번도 느껴보지 못한 비참함이었습니다. 내가 밧줄을 잘라내지 않았다면, 나는 분명히 죽었을 것입니다. 물론, 그런 나쁜 선택을 하지 않을 수 있었을지도 모릅니다. 사람들이 내게 묻습니다. 왜 동료를 살리기 위해 끝까지 노력하지 않았냐고요. 그런 질문을 하는 사람들 눈에서 내가 선택한 방법이 최선이었다는 내 말을 의심하고 있다는 것을 발견할 수 있었습니다. 그것은 잔인한 시선이었습니다. 밧줄을 자를 수밖에 없었다고 나 자신을 지겹게 설득했지만, 마음은 날 따라주지 않았습니다. 신성모독을 하는 것 같았고, 모든 본능, 자아존중감에 대항하는 것 같았습니다. 내 죄책감이나 비겁함을 이기게 해 줄 어떤 논리적 논증도 들을 수 없었습니다. 나는 벌 받아 마땅한 사람이라는 생각이 들었습니다. 결국, 단지 내가 살기위해 동료를 죽인 것이며, 이것은 무거운 죄이고, 이런 죄는 용서받는 것 자체가 범죄와 같다는 결론을 내리게 되었습니다.[1]"

'중단하기'를 할 때, 다른 사람들은 우리를 향해 인생을 함부로 사는 사람이라고 비난하는 시선을 보내기도 한다. 이런 이유 때문에 '중단하기'는 많은 사람들에게, 특별히 교회 사람들에게, 생각조차 하기 어려운 일이다. '중단하기'는 '이상'하고, '잔인'하게 보인다. 자신의 평판이 나빠지길 원하는 사람이 어디 있으며, 혼란의 소용돌이를 일으키는 원인이 되길 원하는 사람은 어디 있겠는가? 나도 정말 그러길 원하지 않는다.

그러나 '인내'와 '끈기'로 버티는, 상대적으로 안정되어 보이는 길을 선택하여 길을 간다면, 그리고 한계점에 도달한다면, 그때에는 아무것도 할 수 없게 된다. 예이츠처럼, 우리가 다른 무엇을 '중단'하거나 '선택'하지 않으면, 우리는 영적으로 그리고 정서적으로 죽게 될 것임을 알고 있다. 결국, 우리는 우리 앞에 놓여 있는 미지의 세계에 대한 두려움에 직면하게 될 것이다.

　예이츠는 등반 동호회 일부 사람들에게 동반자를 버렸다는 비난을 받아야만 했다. 심슨이 예이츠의 선택을 적극적으로 지지해 주고, 변호해 주었음에도 이런 비난이 없어지지는 않았다. 그러나 궁극적으로는, 밧줄을 자른 예이츠의 선택이 자신과 동료 심슨의 생명을 구했다는 것을 기억해야 한다.

'자유롭지 못한' 크리스천

　예수님과 사랑에 빠졌을 때, 나는 참 힘들었다. 19살 대학생 시절, 하나님의 거대한 사랑이 나를 압도했었다. 난 즉시 살아계신 주님을 열정적으로 탐구하기 시작했었고, 주님을 기쁘시게 해 드리는 일이라면 모든 것을 기꺼이 하려고 했다. 나는 내 삶의 대부분의 시간을 성경읽기, 암송하기, 기도, 교제, 예배, 금식, 헌금, 봉사, 경건의 시간 그리고 다른 사람들과 내 신앙생활을 나누는 것과 같은 핵심적인 영적 훈련에 사용했다. 주님과 같이 되기 위해서, 리차드 포스터, J. I 패커 그리고 존 스토트 등이 쓴 영적 훈련에 관한 책을 탐독했다. 이것들은 내가 기독교에 대해 더 잘 이해할 수 있도록 도와주었고, 내 삶의 중심에 그리스도를 모실 수 있는 영감을 주었다.

문제는 아무도 건강한 영적 생활을 위한 중요한 원리들을 내게 말해주지 않았다는 점이었다. 때문에 나는 건강한 영적 생활은 다른 사람의 필요를 채우고 그들을 도와주는 일과 나의 필요를 채우고, 자신을 이해하고 존중하는 일 사이에 대한 균형 감각이 반드시 필요하다는 진리를 알지 못했다. 그리고 결국 그런 삶을 사는데 실패했다. 나는 타인을 돌보는 일만 집중했을 뿐, 내 자신의 영혼이 어떻게 피폐해져 가는지는 알지 못했다.

> 예수님께서는
> 풍성한 식탁을 준비하시고,
> 나를 초대하셨다.
> 그분은 내가 만찬에 즐겁게
> 참여하기를 원하셨다.

이런 불균형으로 인해 생긴 누적된 고통과 분노가 서른일곱 살에 표출됐다. 헌신하는 크리스천으로 17년을 사는 동안, 나 자신을 이해하지 않고, 내 영혼을 돌보지 않았다. 이런 삶은 나를, 기쁨은 없고 죄책감의 지배만 받는 존재로 만들어 버렸다. 예수님께서는 풍성한 식탁을 준비하시고, 나를 초대하셨다. 그분은 내가 만찬에 즐겁게 참여하기를 원하셨다. 그러나 나는 만찬의 주인공이 되지 못하고, 거기에 참여한 사람들을 섬기는 종과 같은 삶을 살았다. 처음, 그분의 사랑에 압도되어 느꼈던 거대한 기쁨으로 가득했던 주님과의 관계가 의무에 눌려 생긴 가혹한 분노에 의한 것으로 변질되어 있었다.

내 존재는 내 앞에 있는 다른 사람들에게 잠식되었다. 끊임없이 네 명의 작은 딸들의 필요에 집중하며, 그것들을 채워주기 위해 생각했다. 그리고 남편 피트의 막중한 책임들에 대해 걱정했다. 나는 성장하는 우리 교회에서 도움이 필요한 곳은 어디든지 달려갔다. 예수님을 향한 기쁜 사랑은, 이제 '해야만 하는 것'과 '반드시 해야 하는 것'이 되어 버렸다. 나는 나에겐 아무 선택권이 없다고 믿었다. 이 믿음은 아주 잘못된 믿음이었다.

나 자신의 존엄성과 인간의 한계에 대한 새로운 이해를 통해서 나는 내 자신을 이해하고, 내 주위에 사랑스러운 경계를 설정할 수 있었다. 그리고 이것이 타인을 향한 진실한 사랑이고, 그들에게 참된 선물을 가져다주는데 있어 핵심이라는 것을 곧 깨닫게 되었다. 내가 나 자신을 존중하고 사랑하는 만큼, 타인 역시 사랑할 수 있다.

살기위해 죽기

'중단하기'는 예수님을 위해 우리가 할 수 있는 일들 중에 매우 어려운 것들 중 하나이다. 성경은 '중단하기'를 하는 것이 끝이 아니라, 도리어 새로운 시작이라고 말한다. 성경적 '중단하기'는 우리 삶에 나타나는 새로운 일들을 위한, 그리고 부활을 위한 하나님의 방법이다. 그러나 절대로 쉽지 않은 길이다.

내면의 소리는 우리에게 '중단하기'의 두려움을 경고한다.

- '사람들이 어떻게 생각할까?'
- '이기적이야.'
- '예수님 같지 않아.'
- '모든 것을 망치게 될 거야.'
- '사람들이 상처받을 거야.'
- '모든 것이 나를 떠날 거야.'
- '결혼생활이 힘들어지겠지.'

우리 내면은 부활을 원하면서도, 부활을 위해 반드시 선행되어야 할 죽음과 관련된 고통을 받기는 싫어한다. '계속하기'는 결단하는 것을 피하게 해 준다. 또한 우리가 죽음과 같은 고통을 당하지 않도록 해 준다. 그러나 결국 지속적인 내면의 고통, 외로움, 그리고 깊은 불만과 같은 장기간의 고통을 해결하지 못하고, 그 속에 갇혀버린다. 그리스도의 참된 열매를 맺지 못하게 한다. 나 역시 사람들을 진심으로 사랑하기보다는, 그들을 피하려는 위축된 마음을 갖게 되었다.

우리가 진정으로 자유를 누리며 살 수 있는 것은 죽음을 통해서만 가능하다. 예수님의 말씀대로, "누구든지 자기 목숨을 구원하고자 하면 잃을 것이요 누구든지 나와 복음을 위하여 자기 목숨을 잃으면 구원하리라"(마가복음 8:35). 이것이 내가 '중단하기'를 결단하고 행했을 때, 일어났던 것이었다. 나는 내 삶을 되찾았다. 또한 나를 지속적으로 변화시켰다. 뿐만 아니라, 새로운 생명을 나의 사랑하는 남편 피트에게, 우리의 결혼생활에, 우리 아이들에게, 교회에, 그리고 셀 수 없는 많은 다른 사람들에게 주었다.

'중단하기'를 통해 내 마음은 정화되었다. '중단하기'는 숨기려 하고 피하기를 좋아하는 내 습성을 인정할 것을 요구했다. 그러나 성격의 결점, 결혼생활과 육아의 문제, 그리고 인간관계에서 나타나는 부족한 면에 정면으로 부딪치는 것은 매우 어려운 일이었다. 마치, 나를 안전하게 지탱해 주는 밧줄을 끊어버리는 것 같은 무서움이 생기는 것이었다. 그러나 하나님께서 바닥끝까지 추락한 나를 더 정결하게 하셨다. 하나님께서는 내 문제들과 정면으로 만난 비참함을 그분의 자비와 은혜를 더 깊이 경험하는 통로로 사용하셨다. 나의 죄와 결함에 대한 깊은 이해는 무엇으로도 막을 수 없는 하나님의 놀라운 사랑에 내가 강하게 붙잡히도록 해 주었다.

'중단하기'를 통해, 나는 피트와 꿈만 같은 진실한 결혼생활을 하게 되었다. 건강하지 못한 관계를 솔직히 인정하고, 나누며, 청산했을 때, 정서적으로 건강한 새로운 방식으로 삶을 살 수 있었다. 그리고 비로소 신랑이신 예수님께서 자신의 몸 된 교회를 향하여 하신 사랑과 같은 사랑이 우리의 결혼 생활에도 넘치게 되었다.

'중단하기'를 통해 나는 옳은 것을 성실히 행하는 법을 배웠다. '중단하기'가 모든 것을 포기하고 버리는 삶이라고 느껴질 수도 있겠지만, 그러나 이것을 통해 나는 지속적으로 일할 수 있는 새로운 헌신의 마음을 얻었으며, 어떻게 하면 아까워하는 마음 없이 진심으로 남을 섬길 수 있는지를 배웠다. 사도 바울은 '중단하기'에 대해 다음과 같이 말한다.

"우리가 우리의 방법들을 '중단'하고, 하나님의 방법으로 살 때, 어떤 일이 일어나는가? 하나님께서는 과수원에 열매가 맺는 것처럼, 우리가 타인을 진실로 사랑하는 마음, 삶에 대한 충만한 기쁨, 평온과 같은 은사의 열매를 맺는 삶을 살도록 해 주신다. 일을 지속하려는 자발적인 마음, 마음에서 우러나온 동정심 그리고 근본적인 거룩함이 우리의 일들과 우리 가운데 충만하다는 확신을 갖게 된다. 우리는 우리 삶을 억지로 강요할 필요 없이, 신실하게 헌신에 몰두하고 있는 자신을 발견하게 되며, 우리 자신의 에너지에 우선순위를 정하여 지혜롭게 사용할 수 있게 된다." (갈라디아서 5:22-23)

'중단하기'를 했을 때, 이런 자유를 누리리라 생각하지 못했다. 내 결점과 죄를 인정하고 그런 삶을 '중단'할 때, 이런 성령의 열매가 나타날 줄 꿈조차 꾸어본 적이 없었다. 나는 주로 내 능력을 통해 성령의 열매를 맺으려고 노력했었다. 그러나 하나님의 방법으로 살 때, 자연스럽게 과수원의 풍성한 열매처럼 성령의 열매가 맺었다. 이것은 주목해야할 놀라운 기적이다. 나는 이것을 세상의 무엇과도 바꾸지 않을 것이다.

'중단하기'를 결단할 때, 비로소 삶의 진정한 목적과 그것으로 나아가는 통로를 발견할 수 있다. 그것은 하나님의 사랑과 성령으로 내가 변화되고, 점차적으로 다른 사람들을 사랑하게 되는 것이었다.

이제부터 나는 총 8장에 걸쳐 여덟 개의 '중단하기'에 관해 구체적으로 살펴볼 것이다. 각 장들은 서로 연결되어 있기 때문에 순서대로 읽는 것이 가장 효과적이다. 그러나 각 장들마다 그 자체의 의미를 가지고 있어, 상황에 따라 선택적으로 읽어도 좋다. 당신의 특별한 상황으로 인해, 눈에 가장 먼저 들어오는 장부터 읽고 싶을지도 모른다. 그렇다면, 일단 그 장을 찾아서 읽고 난 후, 다시 처음으로 돌아와 전체 내용을 읽어, 그 내용이 전체내용과 어떻게 연결되는지를 반드시 확인할 것을 권하고 싶다.

한 번의 단발적인 '중단하기'를 하고자 하는 것이 아니다. 긴 삶의 여정에 따른 지속적인 '중단하기'를 하자는 것이다. 나는 이 책을 당신의 남은 삶이 더 풍성해지기 위해 출발해야 할 새로운 여행을 소개하고, 함께 준비하기 위해 썼다. 이 책과 함께 그 여정을 걸어갈 때, 모든 것을 혼자 해결하려고 할 필요는 없다. 주변에 당신을 잘 인도해 줄 지혜롭고, 경험 많은 스승을 찾아서 나누고 도움을 요청할 것을 권한다. 언제, 무엇을 '중단'해야 할지, 그리고 언제, 무엇은 '중단'하면 안 되는지를 아는 것은 매우 중요한 일이다.

이제, '중단하기'의 첫 번째 여정을 시작하려고 한다. 준비되었는가? 1장 '다른 사람의 생각을 두려워하는 것을 중단하라'를 살펴보자.

1장

다른 사람의 생각을 두려워하는 것을 중단하라

다른 사람들의 말
다른 사람들의 판단

✢

우리의
'긍정성'

✢

길을 잃고 방황하는
믿음의 사람들

✢

다른 사람의 생각에
의존된 삶

✢

하나님을 위해
자신을 사랑하기

✢

다른 사람에게 인정받고 싶은 욕구를
중단해야 할 이유 4가지

✢

건강한 모델

✢

마음상태에 대한 묵상
그리고 하나님 사랑에 대한 묵상

"난 이제 다 그만 둘래요!"
남편 피트에게 말했다.
"지금 교회를 떠나는 중이에요. 이 교회는 날 살 수 없게 해요. 그저 죽음만 가져다 줄 뿐이에요. 다른 교회로 가고 싶어요."

수개월 동안 나는 이 순간을 상상해 왔다. 남편이 우리 교회 담임목사가 되고, 수년이 흘렀다. 그 동안 나는 내 남편이 나의 피곤함과 힘겨워함을 깨달아 주기를 간절히 원했다. 남편이 내 좌절을 알아줄 수 있는 작은 노력들을 하며 기다렸다. 그러나 결국 나는 완전히 소진되었다.

"그럴 순 없어!"
피트가 매우 격양된 채 대답했다.
"말도 안 되는 소리를 하고 있군. 그게 말이 된다고 생각해?"

피트의 분노에 굴복하지 않기로 결정한 나는, 잠시 침묵했다.

"우리 아이들은 어떻게 하려고? 아이들은 어느 교회를 다니도록 할 건데? 당신 생각이 얼마나 비현실적인지 알아? 조금 만 더 참아! 몇 년 만, 아니, 일 년 안에 모든 것이 다 괜찮아 질 거야."

피트는 모든 것을 중단하려는 나의 생각이 얼마나 잘못된 것인지에 관해 말해 줄 수 있는 이유를 더 많이 찾으려고 노력했다. 그러나 그러면 그럴수록 그는 점점 더 큰 불안을 느끼고 있었다.

"하나님께는 어떻게 하려고? 우리 사역을 위해 하나님께서 우리 둘을 부르셨던 것 아니었어? 하나님의 선한 일을 바라보라고. 우리를 통해 놀라운 일을 행하실 거야."

이런 말에 쉽게 반대할 사람이 어디 있겠는가? 피트는 우리가 결혼한 이후 이와 같은 어려움이 닥칠 때마다, 이렇게 '하나님 카드'를 꺼내 놓았다.

수년 동안, 나는 피트가 나를 가볍게 여기고, 무시하고 있다고 느꼈다. 그리고 어느 순간부터는 더 이상 신경조차 쓰지 않았다. 그리고 결국, 바닥을 친 것이다. 나는 분명히 피트와 결혼했고, 우리는 함께 결혼생활을 하고 있다. 그러나 나는 네 명의 어린 딸을 혼자 키우는 한부모라는 느낌을 지울 수가 없었다.

몇 개월 전에 피트에게 이런 말을 한 적이 있었다.

"있잖아요. 만약에 우리가 이혼하면, 난 좀 더 편한 삶을 살게 될 거에요. 왜냐하면 적어도 주말에는 당신이 아이들을 돌봐야 할 테고, 그러면 최소한 주말에는 쉴 수 있을 테니까요."

사실이 그랬다. 하지만 그것은 여전히 나만의 환상이자, 효과 없는 공갈협박에 불과했다. 나는 누구보다 헌신적인 크리스천이었다. 하지만, 나의 헌신은 나를 향한 하나님의 사랑에 의해서가 아니라, 다른 사람들이 나를 어떻게 생각할까에 대한 생각에 의해 결정된 것이었다. 이것은 나의 결혼생활, 육아, 우정, 교육, 심지어는 꿈과 희망에도 부정적 영향을 주었다.

다른 사람들의 필요를 채우는 일이나, 나에게 주어진 일이 너무 많아서, 정작 나 자신을 지탱하고 서 있을 힘이 없었다. 내게 남겨진 것이 아무것도 없었다. 더 이상 다른 사람들이 나를 어떻게 생각하는지, 그리고 어떻게 말하는지에 대한 두려움조차 들지 않았다. 내 것을 모두 버린 나머지, 나 자신을 알지도 못하게 되었다. 창조적이고, 외향적이고, 쾌활하고, 분명한 주관을 가지고 있던 나는 사라지고, 우울하고, 억눌리고, 지치고, 화가 가득 찬 게리만이 있을 뿐이었다.

우리 교회는 성장하는 중이었다. 놀라운 일들이 사람들 삶 가운데 일어나고 있었다. 그러나 너무 많은 희생을 내게 요구하고 있었다. 그것은 내가 원하지 않는 희생이었다. 내 영혼을 잃어버리면서, 예수님을 위해 세상을 이긴다는 것은 무엇인가 잘못된 것이었다. 나는 피트에게 나의 불행에 관해 이야기하기 시작했다. 점차 비극적인 내 상태를 만든 원인으로 피트를 지목하며 그를 비난했다. 그런 후에, 이 모든 것에 대한 부끄러움과 죄책감으로 힘들어했다. 훌륭한 목사의 사모들은 이런 희생을 인내하지 않았던가? 그러나 나는 사람들이 나를 어떻게 생각할지는 더 이상 상관할 수 없을 정도로 힘들고 비참했다. 심지어, '나쁜 사모', '나쁜 크리스천'이라고 욕한다고 해도 상관하지 않았다.

나는 그만하고 싶었다.

잃을 것이 없는 사람이 세상에서 가장 강한 사람이라는 말을 들은 적이 있었다. 이제 내가 바로 그 사람이 된 것 같았다.

그 다음 주부터 나는 다른 교회에 출석하기 시작했다. 분명한 진실은 나에게 무엇인가 문제가 있다는 점이었고, 내 안의 많은 것들이 변화를 요구하고 있다는 것이었다. 내가 이런 행동을 하게 되었다는 사실이 슬프기도 당황스럽기도 했다. 다른 사람들이 어떻게 생각할까에 대한 두려움이 나를 꽤 오랜 시간 무력하게 만든 것 같았다.

그러나 교회 사역을 중단한 것은 내면의 진정한 자유를 향한 작은 첫걸음이었을 뿐이다. 이 '중단하기'를 통해 내가 배웠던 것은, 교회나 남편, 분주하기만 한 뉴욕시, 아니면 우리 네 딸이 문제가 아니라는 점이었다. 근본적인 문제는 많은 변화가 필요한 바로 나 자신이었다.

다른 사람들의 말
다른 사람들의 판단

■ 어리석게도, 피트와 나는 감정적으로 샴쌍둥이 같았다. 우리는 건강하지 못한 방법으로 우리의 차이에서 오는 문제나 어려움들을 해결하려고 했다. 나는 피트가 내가 생각하는 것처럼 생각하고, 내가 느끼는 것처럼 느끼길 원했다. 피트도 피트의 방식처럼 내가 생각하고 느끼길 원했다. 피트는 자신이 처음 뉴욕에서 교회를 개척할 때 느꼈던 열정과 힘겨움을 내가 느껴야만 한다고 생각했다. 나도 넉넉하지 못한 생활비와 사람들 사이에서 느끼는 나의 어려움과 고통을 피트가 느껴야만 한다고 생각했다.

우리는 또한 각자의 슬픔, 분노 그리고 불안감에 대해 서로 책임져야 한다고 생각했다. 그 결과 우리는 서로에게 각자의 어려움을 쏟아냈고, 그럴 때마다 우리는 서로의 문제들을 축소하거나, 비난하거나, 부정하려고 노력했다. 그리고 서로 다른 감정이나 반응에 대해 각자 자기를 방어하기에 급급했다. 우리의 감정세계를 분리해 줄 근본적인 수술이 필요했다. 이를 통해 각자 개인을 먼저 인식하고, 서로, 그리고 두 개인이 느끼는 진정한 결속과 일체감을 누려야 했다. 그러나 나는 내가 지금까지 해온 감정표현의 형태를 바꾸었을 때 나타날 것 같은 부정적인 결과가 두려웠다. 피트가 나쁜 괴물은 아니었지만, 피트의 반대 의견이 두려웠다. 나는 내가 하려는 변화가 내 정체성의 문제를 옳은 방향으로 가져가려는 것이라고 생각했다. 그러나 만약 피트가 반대한다면, 내게 문제가 있다고 생각하는 피트의 생각으로 인해 나는 분명 내가 잘못하고 있는 것이라고 느낄 것이다.

그러나, 한 가지 분명한 사실은 나는 이미 죽어가고 있었다는 것이었다. 이제 나는 숨조차 쉴 수 없었다.

우리 결혼 생활의 첫 9년 동안, 나는 내 모든 스케줄과 계획을 피트에게 맞추기로 결심했다. 학교로 돌아가고 싶은 내 의지도 신속히 지워버렸다. 내가 내 인생을 찾으려 한다면 피트의 스케줄이나 계획과 충돌할 것이 분명했기 때문이었다. 나는 우리 결혼 생활에 긴장을 불러올 수 있을 것이라 의심 되는 '뜨거운 쟁점'은 모두 피했다. 그러나 나는 더 이상, 피트의 우울함이나 그의 분노를 받아주며 이해할 때 오는 나의 고통을 참을 수가 없었다. 어떻게 해야 할까? 내가 할 수 있는 일은 없었다. 벗어나고 싶었다. 그러나 내가 모든 것을 그만 둔다면 피트는 비참해질 것이다.

하지만, 나는 곧 이 문제가 피트와 나와의 관계 이상으로 더 넓고 깊게 확장되고 있음을 깨닫게 되었다. 건강하지 못한 자기희생, 건강하지 못한 조절능력으로 가득 찬 내 삶의 형태가 교회, 육아, 친구, 부모 등 내 삶의 모든 영역에 문제를 일으키고 있었다.

대부분의 사람들처럼, 나도 다른 사람들이 나에 대해 좋게 말해 주는 것이 좋다. 나는 피트나 다른 사람들에게 인정받는 것이 즐거웠다. 다른 사람들로부터 칭찬받는 것은 좋은 일이다. 문제는 다른 사람들의 검증이 '반드시' 필요해 질 때 발생한다. 슬프게도, 나는 이것이 '반드시' 필요했다. 나 자신에 대해 좋은 감정을 가지기 위해서는 피트나 다른 사람들의 긍정적 판단이나 좋은 말이 '반드시' 필요했다.

우리의 '긍정성'

다른 사람의 반응이나 인정여부에 의존된 자아 존중은 성경의 진리와 맞지 않는다. 우리 자신에 대한 매력과 좋은 감정을 충분히 느끼는 것은 타인에게서가 아니라 다음에 제시된 두 개의 핵심적 진리에 의한 것이어야 한다.

✚ 하나님의 형상

우리는 하나님의 형상을 따라 창조되었다. 우리는 우리가 어떤 사람인가, 어떤 일을 하는 가와는 상관없는 가치를 지니고 있는 거룩한 보물들이다.

✚ 새로운 정체성

우리는 그리스도 안에서 새로운 정체성을 갖게 되었다. 예수님으로 인해 우리는 충분히 사랑스럽다. 예수님의 변호와 증언에 의지해 우리는 의로운 하나님의 자녀가 되었다. 우리의 정체성을 검증 받기 위해 남겨둔 것은 아무것도 없다.

수년 동안, 나는 갈라디아서, 로마서 등 많은 성경 공부를 했고, 그 때마다 핵심구절을 암송하는 열심을 보였다. 또한 근본 되신 예수님의 의로우심을 늘 묵상했었다. 그럼에도 여전히, 내 정체성의 많은 부분이 나를 향한 예수님의 사랑과 무관한 상태로 남아 있었다. 나의 매력이나 긍정적 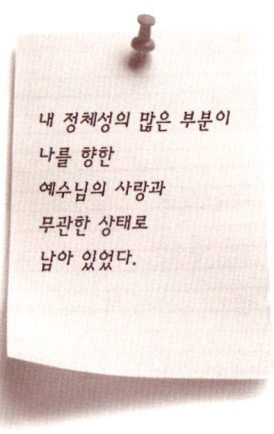 정체성은 그리스도와 상관없이, 나에 관한 다른 사람들의 생각에 의해 결정되었다. 나는 사람들이 날 '좋은 크리스천', '훌륭한 크리스천'이라고 생각해 주길 원했다. 그리고 좋은 사람이라고 생각해 주길 원했다.

베드로도 다른 사람들의 생각으로부터 자유하려는 싸움을 했던 사람들 중 한 명이었다. 예수님께서 잡히신 후에, 열두제자들은 그를 버리고 달아났다. 하지만, 예수님께서 심문 당하시는 동안 베드로는 성전 바깥뜰까지 갔고, 다른 사람들이 베드로를 알아봤다. 베드로는 그 순간, 세 번 예수님을 부인했다. 사람들에게 비난 받을 것에 대한 두려움이, 그가 잘 알고 있는 진리에 대한 믿음보다 컸다. 베드로는 이전에 예수님을 메시아라고 고백했었다. 그러나 이 고백은 사람들의 거부와 비난을 견뎌낼 만큼 견고하지 못했다(마태복음 26:31~75).

베드로처럼, 예수님 안에 있는 나의 정체성은 내가 생각했던 것처럼 확고한 것이 아니었다. 사도 베드로처럼, 나 역시 다른 사람들의 거부와 비난을 견뎌내지 못했다. 결국, 건강한 자아를 위한 가장 큰 장애물은 다른 사람들이 나를 어떻게 생각할 것인가에 대한 두려움이라는 것을 깨닫고, 인정하게 됐다.

이 진리는 충격적이었다. 이 사실은 나를 완전히 흔들어 놓았다. 베드로처럼, 나는 망상 가운데 살고 있었다. 나는 그 동안 예수님을 주인으로, 그리고 그리스도로 분명히 믿었고, 어느 정도 하나님의 사랑을 분명히 누렸다. 그러나 이것은 다른 사람들의 생각으로부터 벗어난 완전한 자유를 누릴 만큼 충분하지는 못한 것이었다.

길을 잃고 방황하는 믿음의 사람들

다른 사람들의 생각에 의존된 정체성을 가지고, 다른 사람들의 인정과 칭찬에 중독된 증상은 당신과 나에게만 나타나는 것은 아니다. 성경에는 우리가 알고 있는 영웅들이 다른 사람들의 시선과 비난을 이기지 못하고, 샛길로 빠진 이야기로 가득 차 있다.

르우벤은 자신의 형제 요셉을 좋아하고 친절하게 대했지만, 다른 아홉 형제들의 시기와 미움에 동조했다. 르우벤은 다른 형제들의 그릇된 판단에 의한 압박에 압도당해, 끔찍한 범죄에 참여했다(창세기 37:12-36).

아론은 어떤가? 40일 후면 시내산에서 내려올 모세를 기다리지 못하고, 모세에게 불만을 품은 회중들의 압력에 굴복 당하고 말았다. 결국 보고, 만질 수 있는 신을 원한 대중들을 위한 금송아지를 만들었다. 하나님에 대한 믿음보다, 당장 아론의 눈앞에서 기세등등하게 우상을 만들어줄 것을 요구하는 대중들에 대한 두려움이 더 컸던 것이다(출애굽기 32장).

아브라함은 자신의 안전을 위해 애굽 왕에게 거짓말을 했다. 믿음의 아버지가 사람이 두려워 살아계신 하나님을 의지하지 못한 채, 사라가 자신의 아내가 아니라고 한 것이다(창세기 12:10~20, 20:1~18).

야곱은 아버지를 속이자는 어머니의 뜻에 반대하지 않았다. 오히려 어머니가 만들어준 음식을 들고, 어머니가 짜낸 속임수를 따라 아버지에게 나아갔다(창세기 27장).

이들은 모두 의를 따르기 보다는 자신들 주변에 있는 사람들의 군중적 의견이나 요구에 동조했다. 그리스도의 도와 진리보다는 주변 사람들의 인정과 승인을 구하는 이런 행동이 자신들에게, 그들과 하나님과의 관계에, 그리고 그들이 사랑했던 사람들에게도 비참한 결과를 가져왔다.

다른 사람의 생각에
의존된 삶

우리는 그리스도께서 우리들의 삶을 바꾸셨다고 늘 고백한다. 정말로 그러한가? 자신의 삶을 통해 증명할 수 있는가? 최근의 일들을 회상해 보라.

몇 명의 사람들이 점심식사를 하러 가자고 청해왔다. 당신은 경제적으로 넉넉하지 못하지만, 이 사람들과 함께 식사하는 것이 즐거워 함께 가기로 했다. 식당에 들어가 당신은 당신의 재정 상태에 적합한 한도인 5천 원 안에서 음식을 주문했다. 야채샐러드와 물을 주문한 당신과 달리, 다른 사람들은 닭고기 요리, 샐러드와 음료수, 그리고 후식까지 주문했다. 종업원이 전체 주문에 대한 계산서를 가져왔다. 그것을 보는 순간 당신은 긴장하기 시작했다. 당신은 설마 사람들이 모든 음식 값을 합산하여 인원수에 따라 나눠서 지불하지는 않을 것이라고 생각했다.

두 시간에 걸친 식사와 담소가 끝이 났다.

"편하게 그냥 똑같이 나눠서 계산하면 어떨까? 각 사람이 2만 5천 원 정도씩 내면 될 것 같아." 라고 제안했다.

"그래, 그게 좋겠어."

모두가 동의한다.

"각 사람이 2만 5천 원씩!"

당신은 화가 났다. 그러나 이런 즐거운 분위기를 망치고 싶지 않았다. 무엇보다 값싸게 보이고 싶지 않았다. 내면에서 당신은 죽어가고 있었다. 기분이 나쁘고 다시는 이러지 않을 것이라고 결심한다. 다음 점심식사 초대를 받은 당신은 다른 선약이 있다는 거짓말로 거절한다. 이들과의 친교는 더 이상 발전하지 못한다.

조이스는 오랫동안 성경공부 리더였고 그녀 교회의 많은 사람들에게 표본이 되었다. 그녀는 좋은 친구에게 추천받은 새 미용사를 찾아간다. 하지만 그녀가 자리에 앉아있는 동안, 거울에 비친 자신의 모습에 점점 불편함을 느낀다.

다음의 경우들은 어떠한가?

- ▶ 당신은 친구의 부정적 평가로 인해 마음이 불편하다. 그러나 그런 불편한 심기를 말하면, 예민하거나 성질이 급한 사람으로 보일 수 있다는 생각에 아무 말도 하지 않는다.
- ▶ 자동차 수리공이 처음 제시했던 가격보다 두 배나 높은 가격의 수리비를 청구했다. 주변을 살펴보니 많은 손님들이 있다. 당신은 그런 것을 따지면 돈이 없어 보이거나 깐깐한 사람으로 보일 수 있다는 생각에 아무 말도 하지 않는다.
- ▶ 영화를 보러 친구들과 함께 극장을 찾았다. 당신은 까다롭거나, 사귀기 힘든 사람으로 보이길 원치 않기 때문에 아무 말도 하지 않고, 다른 사람

들의 의견을 따라 영화를 본다.
- 당신은 누군가와 만족스럽지 못한 이성교제를 하고 있다. 건강하지 못한 교제를 끝내고 싶지만, 그 방법을 모른다. 당신은 주변 사람들이 "이번에도 실패했어?", "너 무슨 문제 있는 것 아니야?" 등의 말을 할지도 모른다고 생각하며 교제를 끝내는 것을 두려워한다.
- 당신은 이웃집에 가는 길이다. 그러나 당신의 4살짜리 아이의 버릇없는 행동을 방치한다. 그 일을 이야기하다가, 이 아이가 더 큰 짜증을 내거나 해서 당신의 입장을 곤란하게 하거나 당황스럽게 만들지도 모르기 때문이다.
- 당신에게는 역량을 제대로 발휘하지 못해, 나머지 팀원들에게 방해가 되는 종업원이 있다. 당신은 그를 해고하지 못하고, 그 일을 처리해 줄 사람을 한 명 더 고용한다. 그 종업원에 대한 불만은 점점 더 늘어간다.
- 당신의 사장은 부적절한 언어를 사용한다. 어떤 사람을 향해서는 "건방진 내숭덩어리"라고 말하기까지 한다. 그러나 당신은 "건방진 내숭덩어리"가 아니라 교양 있는 사람으로 보이기 위해 아무 말도 하지 않는다.
- 당신은 배우자가 좋아하는 헤어스타일을 10년 동안 바꾸지 않았다. 그러나 변화를 갈망한다.
- 당신은 배우자에게 당신의 성 생활에 대해서 말하고 싶다. 그러나 배우자의 반응이 두려워 어떤 말도 하기를 꺼려한다.

며칠정도의 시간을 들여 당신 자신에 집중하라.

당신과 다른 사람들과의 관계를 관찰해 보라.

당신은 다른 사람들의 비난을 피하기 위해, 또는 다른 사람들이 당신을 좋은 사람으로 보고 말하게 하기 위해, 당신의 말과 행동을 여러 차례에 걸쳐 수정한다. 우리 행동의 이런 변화는 미묘하고, 무의식적으로 일어나기 때문에 잘 알아차리지 못한다. 인식하라! 그리고 경계하라!

하나님을 위해 자신을 사랑하기

오늘날 많은 크리스천들에게 하나님의 사랑이란, 생각과 감정을 바꾸는 실제적 경험이기 보다는, 단지 확신하는 지식적 믿음으로 머물러 있다. 그 결과 우리는 다른 사람들의 사랑을 지속적으로 필요로 하게 된다. 그리고 건강하지 못한, 파괴적인 방법으로 이런 사랑을 확보하려고 노력한다. 12세기, 위대한 크리스천 지도자였던, 클레르보 베르나르는 하나님의 사랑이 어떻게 자아의 건강한 사랑을 생성하는지에 대해 말했었다. 그는 이것을 사랑의 4단계라고 불렀다.

자아 사랑의 4단계 [1]

1단계 | 자신을 위해 자신을 사랑하기
2단계 | 하나님의 선물과 축복을 위해 하나님 사랑하기
3단계 | 하나님을 위해 하나님 사랑하기
4단계 | 하나님을 위해 자신을 사랑하기

1단계. 자신을 위해 자신을 사랑하기

우리는 지옥에 가지 않고, 천국에 가기를 원한다. 때문에 예배에 참석하고, 기도를 하고, 십일조를 드린다. 지옥의 공포가 사라지면 우리의 영적인 생활도 재빨리 사라진다.

2단계. 하나님의 선물과 축복을 위해 하나님 사랑하기

우리의 일이 잘되는 한, 우리는 하나님과 더불어 행복하다. 그러나 고난과 좌절이 몰아닥치면, 실망하고 곧 하나님으로부터 멀어진다.

3단계. 하나님을 위해 하나님 사랑하기

이 단계가 되면, 하나님을 향한 우리의 사랑은 감정이나 환경에 근거하지 않는다. 그를 통해서 얻는 것 때문이 아니라, 그분의 선하심과 경이로우심 때문에 그를 사랑하며 신뢰한다. 좌절과 고난을 우리의 믿음과 그를 향한 사랑을 강하게 단련하시는 선물로 이해한다.

4단계. 하나님을 위해 자신을 사랑하기

4번째이자 최상의 단계에서는, 인간의 지식을 초월한 크고, 넓고, 높으며, 깊은 그리스도의 사랑이 우리 존재 깊은 곳에 가득 차 있다. 이제 우리는 다른 사람에게 사랑을 얻으려는 욕구로부터 완전히 자유하게 된다.

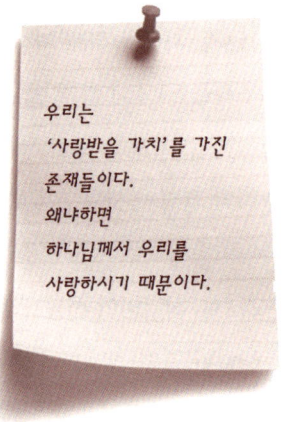

복음은, 그리스도 예수 안에 있는 우리를 향하신 하나님의 사랑의 관점에서 지금의 우리가 누구인지를 이해하도록 만든다. 우리는 가치 있고, 중요한 존재이지만 그것은 우리가 하는 것, 또는 다른 사람들이 말하는 것에 근거하지 않는다. 우리는 '사랑받을 가치'를 가진 존재들이다. 왜냐하면 하나님께서 우리를 사랑하시기 때문이다. 하나님의 완전한 사랑이 다른 사람들의 생각에 대한 모든 두려움을 몰아낸다. 시편기자의 고백처럼 '그의 사랑이 생명보다 낫다'(시편 63:3)는 것을 발견하게 된다.

다른 사람에게 인정받고 싶은 욕구를 중단해야 할 이유 4가지

만일 타인에게 인정받으려는 욕구를 극복하지 못한다면, 우리의 영적 성장은 매우 어려워진다. 이것은 우리를 향한 하나님의 아름다운 계획이 우리에게 오는 것을 막는 견고한 벽이 우리 앞에 세워지는 것을 의미한다. 다른 사람들이 우리를 향해 괜찮다고 하는 것에 근거한 '거짓 평안'에 만족하게 된다.

우리들 중 소수만이 '평지풍파를 일으키는 것'을 즐길 뿐, 대부분은 안전하고 편하게 살기를 원한다. 환경을 변화시키는 것은 위협적일 수 있으며, 난공불락처럼 느껴지는 장애물을 넘는 것은 불가능하다고 생각될 수 있다. 이러한 두려움은 우리의 배우자, 직장 그리고 우정을 잃을지도 모른다는 것에서부터, 우리가 사랑하는 사람들로부터 존경받지 못할 수도 있다는 두려움에 이르기까지 다양하게 나타난다.

하나님께서는 당신의 초자연적인 능력이 우리에게 나타나게 하시기 위해 고통의 방법을 자주 사용하신다. 부자 청년이 예수님께 구원 얻을 방법을 물었다. 소유를 팔아 가난한 사람에게 나누어 주라는 예수님의 엄청난 제안에 청년은 근심하며 돌아갔다. 제자들이 급진적 삶의 변화를 제안한 예수님께 "그렇다면 누가 구원을 얻을 수 있겠습니까?"라고 물었다. 그때 예수님의 대답은 "사람으로는 할 수 없으되 하나님으로서는 다 할 수 있다"(마태복음 19:25-26)

였다.

 변화는 어려운 것이며 때로는 우리 결혼생활, 교회, 우정, 가족 또는 직장의 정상적 삶의 방식에 지장을 주기도 한다. 예수님은 다른 사람들에게 인정받는 것을 버릴 때, 진정한 자유와 기쁨 그리고 사랑과 같은 부활의 삶에 의한 열매를 경험할 수 있음을 직접 보여주셨다. 예수님은 천하고 낮은 사람이라는 다른 사람의 비난도 멸시도 상관하지 않으셨다. 다른 사람의 시선이나 판단, 말에 의존한 정체성을 가지지 않으셨다. 예수님께는 하나님을 향한 사랑, 그리고 하나님에 대한 믿음에 근거한 자유와 기쁨만이 있을 뿐이었다.

 이 첫 번째 '중단하기'를 위해 요구되는 이와 같은 움직임을 우리가 피하려고 한다는 것은 놀라운 일이 아니다. 우리는 너무도 쉽게, 이 첫 번째 '중단하기'를 포기한다.

 '중단하기'를 하지 못하고, 인내하고 견디던 사람들이 "도저히 더 이상은 못하겠어."라고 말하며, 이제야 비로소 그 동안의 것을 '중단하기'로 결정하게 되는 것에는 다음 4가지의 공통된 요인이 있다.[2] 잘 살펴보면서, 당신의 삶과 비슷하거나 관계있는 상황이 있는지 생각해 보라.

1. 당신 자신의 온전함이 깨어지기 때문에

 당신이 믿는 것과 당신이 사는 방식이 같지 않다면, 당신은 당신 자신의 온전함을 깨뜨리고 있는 것이다. 당신이 진심으로 붙들고 있던 가치들을 당신 스스로 무시하고 있기 때문이다. 당신의 내면에서 생각하는 것과 다른 사람들에게 표현하는 것 사이에 벽이 존재한다. 이것은 다른 사람들이 지켜보는 '무대 가운데'에 서 있는 현재 당신의 모습과, 다른 사람들이 보지 않는 '무대 밖'에서 혼자 있는 당신 모습이 다르기 때문이다.

당신 부모님께서 당신이 어떤 경력을 쌓길 원하신다고 가정해 보자. 부모님들이 당신을 위해 자신들의 꿈을 희생하셨기 때문에, 당신은 당신이 원하지 않는 경력이라 할지라도 그렇게 하지 않겠다는 말을 하지 못한다. 당신 내부에서 무언가가 죽어가고 있다. 당신은 당신의 열정과 욕구에 대해 부모님께 정중하게 말해야 한다는 것을 깨닫게 된다.

우리는 신약성경에서 재미있는 이야기를 발견할 수 있다. 사도 베드로가 예루살렘에서 안디옥에 처음 도착했을 때의 이야기이다. 베드로는 할례 받지 않은 이방 크리스천들을 환영하고 그들과 함께 식사를 하고 있었다. 그러나 할례자들이 들어오자, 베드로는 그들을 두려워하여 이방인과 함께 저녁을 먹던 그 자리를 떠났다. 이 장면을 본 사도 바울은 공개적으로 베드로를 외식하는 자라고 책망했다.[3] 성경은 베드로가 예루살렘에서 온 "할례자들을 두려워하여 떠나 물러갔다"(갈라디아서 2:12)고 하고 있다. 베드로는 다른 사람들의 시선과 비난을 두려워했다.

이 이야기에서 당신은 자신이 어디에 속한다고 생각하는가? 베드로처럼 자신의 가치와 신념을 버리고, 다른 사람들에게 인정받기를 열망하고 있는가? 아니면, 그리스도의 사랑에 깊이 뿌리내려, 다른 사람들의 비난을 뚫고 선하고 옳은 것을 따르고 말하는 바울과 같은 삶을 살기를 원하는가?

2. 사랑하는 사람이나 일을 위태롭게 만들기 때문에

당신이 현재 가고 있는 방향과 행동을 고집한다면, 당신은 그것으로 인해 당신에게 있어 소중한 사람이나 일을 잃게 될 것이다. 이것은 당신의 배우자, 가족, 경력, 미래, 심지어 당신 자신이 될 수도 있다. 변화를 시도한다는 것은 분명, 엄청난 두려움을 동반한다. 그러나 현재 그 상태에 머무는 것은 훨씬 더 나쁘고 무서운 것이다.

> 변화를 시도한다는 것은 분명, 엄청난 두려움을 동반한다. 그러나 현재 그 상태에 머무는 것은 훨씬 더 나쁘고 무서운 것이다.

당신 남편이 성인물에 중독되었다고 가정해 보자. 남편에게 도움이 필요하다는 것을 알지만, 당신은 아무 조치도 취하지 않는다. 당신은 남편을 사랑하지만, 남편에게 무엇인가를 말하거나 권면할 때 생기게 될 문제를 두려워하며 아무것도 하지 않는다. 그러나 당신은 곧 아무것도 하지 않았던 것이 가져온 큰 대가를 지불한다. 그 후에야 당신이 평화를 지키기 위해 했던 묵인이 당신이 유지하고 싶은 결혼생활 자체를 더 위태롭게 했다는 것을 깨닫게 된다. 그리고 "더 이상은 도저히 안 되겠어"라고 말할 수밖에 없는 심각한 상태에 이른 후, 할 수 있는 조치를 취하기 위해 노력한다.

우리 교회의 일원인 존은 늦게까지 일을 한다. 그의 사장은 그가 주중 6일을 일하고도, 일요일까지 회사에 나와 만약의 사태에 항상 대기하기를 원한다. 존은 이 일이 가족을 위한 아주 적은 시간마저 빼앗아 가고 있다는 것을 알지만, 가족들에게 좋은 수입이 되는 이 일을 그만두지 못한다. 일과 가정을 잘 정리하지 못해 가정에는 불만이 늘어간다. 아내 제인은 4살에서 12살짜리, 네 명의 아이를 혼자 양육할 수 없다. 제인은 우울증에 걸렸고, 아이들과의 문제도 점차 심각해진다. 존은 스스로의 혼란을 달래기 위해 일을 마친 후 술을 마시기 시작했다. 이렇게 몇 개월이 지난 후, 존의 가정은 최악의 상태에 도달하게 되었다. 존과 제인은 이제 자신들이 얼마나 힘들고 불행한지 인식조차 하지 못할 지경에 이르렀다. 존이 사장에게 인정받는 것을 끝까지 포기하지 못한다면, 그는 소중한 가족과의 행복을 잃게 될 것이다. 결국 존은 사장에게 현재의 상태를 말하고 그 결과를 기다리게 되었다.

3. 당신이 반드시 변화해야만 할 정도로 당신의 고통이 매우 크기 때문에

우리 중 일부는 엄청난 고통을 무조건적으로 참고 누른다. 그리고 결국 폭발하고 만다. 내가 아는 한 젊은 여성은 매우 매력적이고, 좋은 교육을 받은 사람이었다. 그러나 가정에서 학대를 받고 있었다. 오랜 시간 그것을 견디다가 결국 이 고통으로 인해 가족과의 관계를 완전히 끊어버렸다. 그녀가 그리스도의 사랑을 받기 시작했을 때, 그녀의 정체성이 다시 형성되었고 그리스도께서 하신 방법으로 자신의 가치를 알고 인정하게 되었다.

잘 알려진 교육자이며 작가인, 파커 팔머는 자신의 것이 아닌 인생을 사는 것에서 오는 치명적인 우울증을 설명했다. 이런 고통으로 인해, 다른 사람에게 인정받으려는 압박감에서 해방되어 하나님께서 주신 자신만의 독특한 길을 걸을 수 있게 된다고 한다.[4]

4. 변화에 따른 두려움보다 현재 상황이 지속될 것에서 오는 두려움이 더 크기 때문에

환경이 바뀌는 것은 매우 당황스럽고 혼란스러운 일이다. 하지만, 때로는 1년, 5년, 10년 혹은 30년 이상 현재 상황이 변하지 않을 거라는 생각이 주는 두려움이 더 클 때가 있다. 이것이 당신이 서 있는 곳에서 발을 떼라는 하나님의 분명한 메시지가 되기도 한다. 변화는 당신이 지금 있고, 머무는 곳에 대한 절망적인 전망보다 덜 두렵기도 하다.

당신은 고등학교 영어교사이다. 당신은 영어를 좋아하지만, 10대를 교육하는 일은 당신이 혐오하는 줄다리기와 같다. 남은 인생을 이것을 하며 보낼 것에 대한 두려움에 사로잡혀, 안정적인 봉급과 당신이 준비해왔던 직업을 포기한다. 당신의 재능과 열정에 더 잘 어울리는 일을 찾기 위해 다른 가능성과 경험들을 찾아 나선다.

당신은 6천만 원의 카드빚 때문에 파산 위기에 있다. 당신 미래의 선택은 제한적이고 암울하다. 빚이 당신을 망칠 것이라는 두려움은 당신의 생활습관을 극적으로 바꾸는 것에 대한 두려움보다 크다. 결국, 당신은 상세히 예산을 세우기 시작하고 소비습관을 철저히 조정한다.

현재 상태가 지속될 것에 대한 두려움은 나의 상황을 변화시키는 추진력이 된다. 나의 경우에도 결혼생활 또는 교회에서 아무것도 변화되지 않을 것이라는 두려움이, 교회를 그만두고 다른 이들을 불편하게 만들 수도 있다는 것에 대한 두려움보다 컸다. 모든 것을 인내해 내겠다는 결심이 맨 밑바닥에 이르렀다. 다음 20년 동안 내 삶이 이렇게 유지될지도 모른다는 공포가 결국 "도저히 더 이상은 못 하겠어"라고 말하게 만들었다.

건강한 모델

성인이 될 때까지 우리는 가족, 교회, 사회문화로부터 직접적으로 또는 암묵적으로 수백만 개의 메시지를 주입받게 된다. 그 메시지들은 우리가 무엇을 해야 하고, 어떤 사람이어야 하며, 무엇을 생각해야하고, 어떻게 사랑받으며, 어떻게 순응하고, 어떻게 인정받아야 하는지를 말해준다.

이런 이유 때문에, 다른 사람이 생각하는 것에 대한 두려움을 중단하는 것은, 한 순간의 결심과 한 번의 행동으로는 어렵다. 지속적인 영적 훈련이 있어야 가능한 일이다. 하나님의 사랑이 아닌 다른 사람들의 인정에 의존하여 긍정적 정체성을 갖고자 하는 뒤틀린 욕구는 우리가 인식하는 것 보다 훨씬 광범위하게 퍼져 있다. 하지만 예수님께서 죽으시고, 살아나시고, 그리고 우리에게 그의 성령을 보내셨기 때문에, 우리는 지속적인 변화와 자유를 경험할 수 있다.

> 하나님의 사랑이 아닌 다른 사람들의 인정에 의존하여 긍정적 정체성을 갖고자 하는 뒤틀린 욕구는 우리가 인식하는 것 보다 훨씬 광범위하게 퍼져 있다.

요한복음 12장의 마리아 이야기는 다른 사람의 생각이 아닌 우리를 향하신 그리스도의 사랑 위에 우리의 정체성이 세워진다는 것의 의미를 명료하게 보여준다. 마리아는 사람들 앞에서 자신의 머리를 풀고 예수님의 발을 씻겼다. 고대 유대인의 문화에서 이것은 성적으로 문제가 되는 행동이었다. 이것은 천한 이방 노예나 하는 행동이었다. 마리아도 이 사실을 잘 알고 있었을 것이다. 그녀는 자존심도 없단 말인가? 그러나 그녀는 사람들이 자신에 대해서 어떻게 말할지 상관하지 않았다.

예수님 발아래 앉아, 자신의 머리카락으로 예수님의 발을 씻고 있는 마리아는 다른 사람들이 자신에 대해 무슨 생각을 하는지에 마음을 빼앗기지 않았다. 그리스도의 사랑과 용서가 그녀 내면 깊숙한 곳까지 스며들었다. 이런 심오하고 경이로운 경험은 그녀를 수치심이나 비난으로부터 자유롭게 했을 뿐 아니라, 자신의 가치와 소중함에 관한 안정된 진리를 발견하게 만들었다. 그녀의 마음은 예수님의 사랑, 자비 그리고 압도적인 안전함에 대한 감사함으로 가득 채워졌다.

마리아는 다른 사람들의 생각과 관련해서가 아니라, 예수님과 관련해서 자신의 중요성을 이해했다. 그녀의 행동은 세상의 눈에 옳게 보이는가에 따라서가 아니라, 그리스도의 눈에 옳은 것에 따라 결정됐다. 다른 사람들이 그녀를 어떻게 생각하는 것과 상관없이, 그녀는 자신을 향한 자신감을 갖게 되었다.

마리아처럼 당신 역시, 그리스도 안에 있는 하나님 사랑의 지속적인 경험 위에 당신의 정체성을 세우도록 초대를 받았다. 그런 후에라야 당신은 정직하게 그리고 진정으로 자유를 누리며 살 수 있다.

마음상태에 대한 묵상
그리고 하나님 사랑에 대한 묵상

다른 사람에게 인정받기를 중단하려는 노력은 두 가지에 대한 매일의 묵상을 통해 좋은 결실을 맺을 수 있다. 바로 당신의 마음상태에 대한 묵상과 하나님의 사랑에 대한 묵상이다.

당신 마음의 상태를 매일 묵상하라. 이를 위해, 다른 사람들과 나누었던 대화를 차분히 생각해 보라. 다른 사람들이 당신을 칭찬할 수 있는 적당한 위치에 당신을 놓기 위해 어떤 말을 했는가? 어떤 행동을 했는가? 다른 사람들에게 인정받기 위해 당신의 신념에 반대되는 행동이나 말을 만들어내려는 유혹을 이겼는가? 이런 것들을 발견할 수 있도록 하나님께 도움을 구하라.

두 번째는 하나님의 사랑을 깊이 묵상하는 것이다. 하나님의 사랑을 받고, 그것이 내 몸 속의 모든 세포 가운데 스며들어 변화를 일으키도록 하기 위해, 깊은 묵상의 시간을 매일 정기적으로 가져라. 이것은 다른 사람들의 생각에 대한 두려움을 점차 사라지게 할 기본적이고 필수적 행동이다. 하나님의 사랑 가운데 자신의 정체성이 자리를 잡은 만큼, 다른 사람들의 인정받는 것이 덜 필요하게 되기 때문이다.

다른 사람들의 생각에 관심 갖기를 중단한 후에야 '거짓말하는 것을 중단하라'를 향한 큰 걸음을 내딛게 된다. 다음 장에서는, 진리 가운데 사는 것이 무엇인지, 그리고 우리 자신, 하나님, 그리고 다른 사람들에게 거짓말을 하는 것으로부터 자유롭게 되는 것이 무엇인지에 대해 살펴볼 것이다.

2장

거짓말 하는 것을 중단하라

거짓말하는 '좋은'
크리스천

✚

딸의 유아세례
축하파티

✚

진리를 따르는 정도와
자유를 누리는 정도

✚

자신에게 하는
거짓말

✚

다른 사람에게 하는
거짓말

✚

충돌?
괜찮아!

✚

진실을 말하는
연습

✚

하나님께 하는
거짓말

✚

거짓말하는 것을 중단하고
천국을 맛보기

거짓말이나 가식은 우리가 생각하는 것보다 더 깊숙이 우리 삶속에 자리 잡고 있다. 또한 생각보다 더 많은 부분을 차지하고 있다. 우리는 정치, 행정, 사업과 관련된 일들을 할 때는 물론이고, 가족, 친구, 동료들에게까지 많은 거짓말을 한다. 교회나 신앙 공동체 안에도 거짓말이 만연해 있다는 점에 당황하거나 놀라서는 안 된다. 크리스천들 역시 거짓말을 하고 있다.

- ▶ 당신은 불편한 사람을 만나도, 밝은 미소나 따뜻한 포옹으로 인사한다.
- ▶ 당신은 힘든 결혼생활을 하고 있어도, "전 잘 지내고 있어요. 그 사람이 참 잘해줘요."라고 말한다.
- ▶ 당신은 직장을 잃고 앞으로의 생활에 대한 큰 불안감을 가지고 있어도, "뭐, 다른 방법이 생기겠죠. 전 괜찮아요. 별 걱정 안 해요."라고 말한다.

- 당신은 누군가가 형편없이 해 놓은 일을 보고도, "일을 정말 훌륭하게 해 냈네요. 수고했어요."라고 말한다.
- 당신은 어떤 행사에 참석하고 싶은 마음이 생기지 않으면, "꼭 가고 싶었는데, 제가 너무 바빠서 가지 못할 것 같아요. 너무 죄송해요."라고 말한다.

거짓말은 우리가 인식하는 것보다 더 깊게 우리 삶에 뿌리박혀있으며 우리가 느끼는 것보다 더 강하게 우리 몸에 배어 있다.

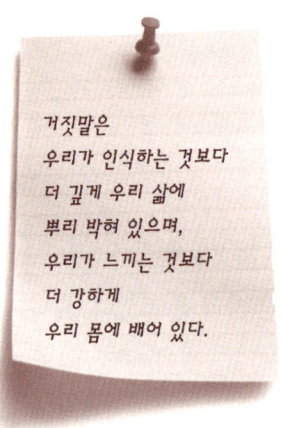

모든 문화나 가정은 자기들만의 '반쪽짜리 진실'을 가지고 있다. 이 '반쪽짜리 진실'은 그 문화나 가정만의 독특한 행동양식을 가지며 반복해서 나타난다. '반쪽짜리 진실'이란 완전한 거짓말도, 완전한 진실도 아닌 상태의 말을 뜻한다. 이 '반쪽짜리 진실'은 진실을 유지해 주는 동시에 완전한 거짓말을 한 것은 아니라는 위안을 안겨 준다. 더불어 그 순간의 어색함이나 곤란함을 피하게 해 주는 편리함도 제공해 준다. 우리는 우리의 말로, 우리의 미소로, 우리의 몸으로 거짓을 말한다. 때때로 우리는 침묵으로도 거짓말을 한다. 그러면서도 우리는 모든 사람들이 이렇게 하고 있다고 생각하며, 거짓말 한 것에 대해서 크게 상관하지 않는다.

거짓말하는 '좋은' 크리스천

대부분의 사람들처럼, 나 역시 예수님께 헌신을 다짐했던 19살이 되기 전부터 거짓말을 해 왔었다. 가장 큰 문제는 내가 얼마나 많은 거짓말을 지속적으로 해 왔는지를 깨닫지 못했었다는 점이다. 다른 사람들에게는 물론, 나 자신에게, 심지어 하나님께 조차 거짓말을 했었지만 중요하게 생각하지 않았다.

신앙생활을 하다보면 화나고, 슬프고, 실망스러운 것과 같은 감정들이 찾아올 때가 있다. 그럴 때마다 난 그런 감정들을 무시하기 위해 노력했다. 크리스천의 삶은 기쁘고, 풍부한 것이라고 하지 않았던가? 나는 '좋은' 크리스천이 되고 싶었고, 그러기 위해서 부정적 감정은 내겐 있어서는 안 될 것들이었다. 하나님께 이러한 부정적인 감정들이 없어지기를 간절히 기도했었다. 그러나 무슨 이유에서인지 하나님께서는 그렇게 해 주지 않으셨다. 그래서 나는 거짓말 하는 상태에 머물러 있을 수밖에 없었다.

결혼 후 처음 몇 년 동안, 나는 내 결혼생활이 비참하다고 느꼈다. 배우자 없이 나 혼자 아이를 기르는 것 같은 감정 속에서 무척이나 화나고 힘든 생활을 하고 있었다. 그러나 이런 것 역시, 그렇지 않은 척했다. 교회에서 힘든 사람을 대하면서 느끼는 억울함이나 분함 등의 감정도 무시했다. 자연과 해변, 산과 등산로, 그리고 무엇보다 드넓게 펼쳐진 공간들과는 멀리 떨어진 뉴욕에 사는 것이 나를 얼마나 슬프고 우울하게 만드는지에 대해서도 거짓말을 했다. 싫다고 말하고 싶을 때에도 오히려 부드러운 말투로 그렇게 하겠다고 말했다. 매우 화가 날 때에도 친절하게 행동하려고 노력했다. 집으로 바로 가고 싶은 마음이 가득해도 내 차는 언제나 사람들이 모여 있는 곳을 향해 달렸다. 혼자 있고 싶은 마음이 간절할 때에도 각종 행사에 늘 참석했다. 나는 이런 거짓말로 사람들이 내게 실망할 것 같은 두려움에서 벗어나고 싶었고, 스스로 '좋은' 크리스천이라고 생각하며 위로받고 싶었다. 그리고 그렇게 해 왔었다.

내 마음이 그렇지 않아도, 내가 내 남편 피트에게 한 말은 이 말 한마디였다.

"전 괜찮아요."

몇 년 정도였을까? 한 동안 난 화나고 짜증나는 감정을 그저 누르며 살았다.

어느 날 나도 모르게 불쑥 나온 날카로운 내 말에 피트가 물었다.

"게리, 괜찮아?"

당황한 나는 급하게 내가 뱉어버린 말을 주어 담으려 노력했다.

"괜찮아요. 전 괜찮아요. 다 좋은걸요."

말은 이렇게 하고 있었지만 목소리는 너무 무거웠고, 말은 매우 신경질적이었으며, 내 몸은 내가 전혀 괜찮지 않다는 것을 정확하게 표현해 주고 있었다.

딸의 유아세례 축하파티

내가 자란 가정은 어린 생명의 탄생이나 졸업 등, 어린 아이들과 관련된 각종 행사들을 소중한 날로 여기는 문화를 가지고 있었다. 내게는 6명의 형제, 자매들과 23명의 조카들, 그리고 현재 16명의 손자와 손녀들이 있는데, 이 아이들과 관련된 행사를 모든 가족들과 함께 보내는 것이 우리 전통이다. 우리는 지독하게 충성과 헌신을 강조하고, 지키려고 하는 아일랜드계 미국인이다.

셋째 딸이 태어났을 때에도 우리는 자연스럽게 아이의 유아세례를 기념하고 축하해 주기 위한 가족 행사를 계획했다.

"피트, 3주 동안 우리 가족 20명 정도가 올게예요."

내 남편 피트가 교회 일을 잠시 접어두고 나를 도와주기를 바라는 마음으로 이야기했다.

"그래? 잘 됐네. 아주 좋아"

그는 이렇게 짧은 대답을 한 후 내 곁에서 멀어졌다. 나는 그것의 의미를 잘 알았다. 한창 진행 중인 교회일이 많다는 것이고, 피트는 그것들만으로도 충분히 바쁘다는 뜻이었다. 나는 혼자였다.

아이의 유아세례 축하파티 날이 다가올수록, 긴장과 짜증이 높아졌다. 나는 3개월, 4살, 6살 된 어린 아이 셋을 돌보는 일 때문에 점점 소진되어갔다. 무엇보다 모든 행사를 혼자 책임져야한다는 사실이 내게 간신히 붙어있던 작은 희망을 날려버렸다.

"교회에만 사로잡혀 있는 피트가 싫어."

혼자 중얼거렸다.

그 순간, 나는 강한 이기심과 죄책감을 느꼈다. 피트는 자신을 하나님께 바친 사람이 아닌가? 피트가 교회일과 성도들에게 전념하는 것이 당연한 것 아닌가? 그러나 여전히, 나는 피트와 함께 할 수 있는 시간을 원했다. 여전히, 나는 피트가 아이들과 함께 시간을 보내주기를 원했다. 그리고 여전히, 나는 휴식을 원했다. 이런 마음으로 가득 차 있는 내가 어떻게 하나님을 위해 기꺼이 기쁜 마음으로 살 수 있단 말인가?

행사 3일 전, 피트가 나에게 물었다.

"우리 데이트를 위해 아이들을 맡아 줄 보모를 구해보는 것은 어떨까?"

피트의 말에 나는 빈정거리며 대답했다.

"농담하세요? 지금 우리 딸아이 파티 준비 때문에 얼마나 바쁜지 아세요? 왜 당신은 아무 일도 하지 않죠? 집안 청소도 하고, 멀리서 오는 사람들에게 안내장도 보내고, 오는 사람들이 차를 편하게 주차할 수 있는 공간도 준비하고, 사람들을 위한 음식도 준비해야죠. 아 그러네요. 이런 것들을 위해서도 보모를 구해야겠네요."

피트는 아무 말도 하지 않았다.

우리에게 낭만적인 데이트는 일어나지 않았다.

3일 후, 4월 어느 화창한 주일, 우리 대가족들은 미로 같은 터널과 다리를 지나, 뉴욕 동부 퀸즈에 있는 우리 집으로 힘든 여행을 왔다. 가족들은 교회를 갔다 온 후, 우리의 좁은 아파트로 우리 딸의 유아세례를 축하해 주기 위해 몰려들어왔고 파티는 오후 1시에 시작되었다.

피트도 오후 2시쯤에는 교회 일을 마무리하고 집에 올 것이라고 난 생각했다. 피트가 딸의 파티 시작 시간인 오후 1시에 맞추어 집에 오기 위해 설교를 다른 사람에게 부탁할 생각이 없다는 것 정도는 이미 알고 있었다. 또한 교회일이 많아서 1시간 정도 늦는 것 정도는 이해할 수 있을 것 같았다. 그러나 내 예상은 빗나갔다.

오후 2시에도 피트는 오지 않았다.
오후 3시에도 피트는 보이지 않았다.
오후 4시에도 피트는 없었다.

우리 대식구는 내 딸의 생일과 유아세례 받은 것을 함께 축하했다. 나는 가족과 친구들 모두를 혼자 쓸쓸히 접대했다. 굴욕감이 느껴졌다.

파티가 어느 정도 마무리되고, 가장 먼저 우리 가족들이 오후 5시 15분에 작별인사를 했다. 부모님께서 집 밖을 나가시려는 순간, 피트가 문을 통과해 들어오고 있었다.

"벌써 떠나세요?"

피트는 놀랍다는 듯 큰 소리로 말했다.

"아직 이른 시간이에요. 더 있다가 가세요. 교회에 심각한 문제를 가진 직원이 있어서 빨리 올 수가 없었어요."

나는 당혹감을 감출 수 없었다. 저 말을 들은 가족들이 무슨 생각을 할까?

'얼마나 심각한 문제를 가진 사람이 있었기에 이제야 오는 거예요? 오늘 파티의 주인공은 바로 피트, 당신 딸이었다고요!'

있는 힘을 다해 묻고 싶었지만, 나는 어떤 말도 하지 않았다.

가족들은 떠났고, 피트는 자신의 잘못을 속죄하기 위해서인 듯 정신없이 집안을 치웠다. 나는 그 후 며칠 동안 피트에게 아무 말도 하지 않았다. 그러나 내 표정이나 몸은 내가 피트와 다시 말하고 싶어질 때까지 나한테서 떨어져 있기를 바란다는 마음을 분명하게 나타내고 있었다.

나는 피트가 이번 파티가 내게 얼마나 중요한 것이었는지, 다시는 돌아올 수 없는 소중한 시간을 피트가 얼마나 망쳐버렸는지, 그리고 이것이 얼마나 나를 힘들게 했는지 알 것이라고 생각했다.

3일 동안, 우리는 이것에 대한 어떤 말도 하지 않았다. 3일이 지난 후, 나는 내가 피트에게 얼마나 실망했었는지를 말했다. 그때의 감정이 되살아났다. 화가 치밀어 올랐다.

우리의 대화가 끝날 쯤, 피트는 자신이 늦게 온 것이 자신이 제안했던 데이트를 내가 들어주지 않은 것에 대한 불편한 마음을 간접적으로 표현했던 것임을 인정했다. 또한 이것이 내가 피트를 비꼬았던 태도에 대한 앙갚음의 방법이었다고 고백했다. 그리고 피트는 사과했다. 나는 대부분의 '좋은' 크리스천들이 그러하듯이 기꺼이 피트를 용서하고, 그 자리를 떠났다.

하지만 실제 내 마음은 완전한 용서를 베풀 어떤 준비도 되어있지 않았다.

그 후 5년이 지났다. 그러나 이 상처는 여전히 아물지 않았다.

진리를 따르는 정도와 자유를 누리는 정도

태초에 세워진 사람을 향한 하나님의 아름다운 계획 중 하나는 사람이 진리 안에서 살아가는 것이다. 이것은 우리가 자유와 즐거움을 충분히 누리게 하려는 하나님의 바람이셨다. 예수님께서는 자기를 믿는 유대인들에게 "너희가 내 말에 거하면 참으로 내 제자가 되고 진리를 알지니 진리가 너희를 자유롭게 하리라"(요한복음 8장 31-32절)고 말씀하셨다. 이 진리는 하나님에 대한 성경적 진리와 일반적 진리를 모두 포함한다.

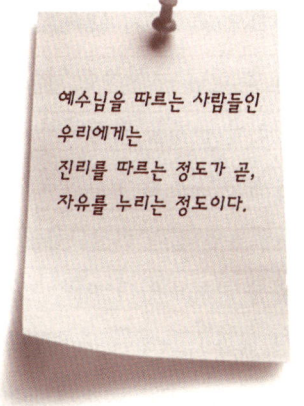

예수님을 따르는 사람들인 우리에게는
진리를 따르는 정도가 곧,
자유를 누리는 정도이다.

예수님을 따르는 사람들인 우리에게는 진리를 따르는 정도가 곧, 자유를 누리는 정도이다. 진리 안에서 살아가는 것의 정도와 자유로운 삶의 정도와 동일하다. 만약 우리 삶의 특정 영역에 대해 거짓말을 한다면, 우리는 구속되고, 종속되는 삶을 살 것이다. 또한 예수님께서 우리에게 선물로 주신 자유로부터 격리될 것이다.

목사가 성경을 가르친 후, 집에 돌아와 그와 반대되는 생활을 한다면, 그 역시 자유를 누릴 수 없다. 제직회 대표가 자신이 최선을 다하고 있음을 강조하면서 사람들에게 헌금을 많이 할 것을 권면한다. 그러나 정작 본인은 한 푼도 내고 있지 않다. 그는 이것이 발견되지 않기를 바랄 것이고, 이는 자유가 아닌 구속이 된다.

래리와 트레시는 소그룹 모임에 참석하는 크리스천 부부이지만, 트레시는 래리에게 종종 화를 지나치게 낸다. 래리는 관계 악화를 우려해 트레시와 이야기하는 것을 매우 조심한다. 또한 트레시의 의견에 동의하지 않을 때에도 그런 사실을 말하는 것을 두려워한다. 그러나 이 부부는 자신들의 문제이자 누구에게나 있을 수 있는 이러한 문제를 인정하거나 받아들이고 싶어 하지 않는다. 따라서 둘 모두 자유를 누리지 못한다.

엄청난 영적 전쟁들은 우리 삶의 소소한 문제들 주변에서 그 맹위를 떨치고 있다. 이런 이유 때문에, 바울은 진리의 허리띠를 사악한 적과 대적하여 우리를 보호할 하나님의 군대가 입어야 할 갑옷의 첫 번째 요소로 소개한다(에베소서 6장 12-14절).

37살, 진리 안에 산다는 것과 자유를 경험한다는 것이 어떤 의미인지를 최종적으로 발견하기 전까지, 거의 20년 동안을 예수님을 억지로 힘겹게 따르는 자로 살았다. 그러나 진리 안에서 사는 것이 예수님께서 진실로 원하시는 삶인 것을 깨달은 후, 그렇지 않음에도 그런척하는 일을 더 이상 할 수 없다는 생각이 들었다. 난 거짓말 하는 것을 중단했다. 더 이상 진리를 거짓이라고, 그리고 거짓을 진리라고 부를 수 없었다. 나는 크리스천 공동체와 교회 안에 통용되어 왔던 이 정신 나간 가식들에 더 이상 참여하지 않기로 결정했다. 거짓말을 하면, 하나님의 영역에 더 이상 머무르지 못하고, 사탄의 영역으로 들어가게 된다. 예수님께서는 마귀를 '거짓의 아비'로 가르치셨다(요한복음 8장 44절). 일단 사탄의 영역에 들어가면, 사탄의 다양한 공격과 속임수를 이겨내기 어렵다.

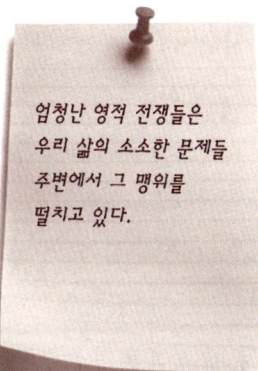

엄청난 영적 전쟁들은 우리 삶의 소소한 문제들 주변에서 그 맹위를 떨치고 있다.

내가 내 자신에게, 그리고 피트에게, 지난 파티에 피트가 늦음으로 인해 느낀 감정을 솔직하게 표현하지 않는 한, 상처는 아물지 않고 그대로 남을 것이다. 이것은 피트에 대한 혼란과 억울함, 그리고 분함을 내 안에 지속적으로 남겨두는 것이 된다.

자신에게 하는 거짓말

모든 것이 '괜찮고', '좋다고' 생각하려는 것이 자신을 속이는 가장 큰 이유다. 힘들고 어려워도 '게리, 넌 행복하지 않은 것이 아니야. 넌 이것을 할 수 있어. 너는 하나님의 통솔 안에서 즐거울 수 있어.'라고 생각했다.

문제는 점점 더 소진되고, 점점 더 비참해진다는 것이었다. 네 명의 어린 자녀를 둔 젊은 부모였던 우리는 돈이나 도와주는 사람 하나 없이 뉴욕에서 교회를 시작했다. 사랑의 하나님, 좋기도 하고 때로는 나쁘기도 한 신학과 훈련, 때 묻지 않은 순수함, 그리고 모든 개인적 문제들을 무시하는 것들의 복합체가 우리의 신념이었다. 이런 상황에서 나의 영혼을 지킨다는 것은 많은 거짓말과 부정을 요구하는 일이었다.

그러나 내 안에 있는 거짓말은 내가 다른 것들을 진정으로 사랑할 수 없게 만들었다. 내면의 충돌은 강압된 슬픔과 예측할 수 없는 불편한 분노와 결합되었다. 분노의 감정은 사랑을 나누어야 하는 크리스천을 검은 얼룩이 드리워진 울적한 모습으로 만들어 버렸다.

내가 정말 사랑을 베푸는 사람이 아니라는 것을 인정하던 날이 내가 사랑을 베푸는 사람이 되기 위한 방향으로 큰 걸음을 내딛은 날이었다. 어깨를 누르고 있던 거대한 짐이 벗어지고, 나의 약하고 깨어진 진정한 모습이 나타났다. 이런 내 모습을 깨닫고 자백하게 되었다. 나는 겸손해졌다. 결국 나를 더욱 겸손하고, 부드럽고, 적합한 사람으로 만들어 줄 결함과 흠들을 받아들일 수 있게 되었다. 그리고 그렇게 하기 시작했다.

> 우리 대부분은 비인간적인 삶을 산다. 왜냐하면 우리 스스로가 비인간적인 규칙들에 의해 살려고 하기 때문이다.

가족 치료사로 우리에게 잘 알려진 버지니아 새티어는 우리로 하여금 쉽게 거짓말을 하게 만드는 가족이나 문화로부터 내면화된 메시지나 규칙들을 관찰했다. 이러한 규칙들 중에는 말로 표현되는 것들도 있다. 그녀는 "우리 대부분은 비인간적인 삶을 산다. 왜냐하면 우리 스스로가 비인간적인 규칙들에 의해 살려고 하기 때문이다."라고 했다. 새티어의 '비인간적인 규칙들'의 실례들을 몇 가지 소개하고자 한다.[1] 이들 가운데 당신의 삶에 영향을 끼치는 암묵적 규칙들이 있는지 생각해보라.

- ▶ 당신의 감정을 절대 보이지 말라.
- ▶ 절대 자랑하지 말라.
- ▶ 절대 말대답하지 말라.
- ▶ 항상 친절 하라.
- ▶ 절대 싸우지 말라.
- ▶ 항상 잘하라.

- ▶ 항상 권위에 복종하라.
- ▶ 항상 시간을 지켜라.
- ▶ 절대 자만하지 말라. 자만하면 낭패를 본다.
- ▶ 실수는 죽음이다. 절대 실수하지 말라.

이러한 규칙들은 성인이 될 때까지 무의식적으로 우리를 지배한다. 이 규칙들은 어떤 것들에게도 도전받지 않는 고정된 규칙이 된다. 이렇게 될 때에 우리의 자유는 질식되어 죽어가고, 거짓말에 갇히게 된다. 예를 들어 나는 나 자신에게 화가 나지 않았다고 말한다. 왜냐하면 나는 "항상 친절해야 한다."는 규칙을 가지고 있기 때문이다. 나는 자신에게 실망하지 않았다고 말한다. 왜냐하면 나는 "언제나 좋은 사람이 되어야 하고, 좋은 사람은 슬퍼하거나 실망하지 않아야 한다."라는 규칙을 가지고 있기 때문이다. 나는 아닌 경우에도 그렇다고 말한다. 왜냐하면 "친절하고 좋은 사람들은 언제나 '그래'라고 말해야 한다."는 규칙을 가지고 있기 때문이다.

이러한 규칙들을 가진 가족공동체 안에서 성장한다면 우리는 결국 우리의 필요나 욕구 때문에 자신에게 쉽게 거짓말하는 사람이 된다. 문제는 이런 거짓말이 하나님께서 만드신 우리의 아름다운 본 모습을 제한시킨다는 점이다. 필연적으로, 어쩔 수 없이, 하나님께서 우리에게 주신 자유가 제한된다. 또한 우리가 실제 누구인지에 대한 진리가 축소된다.

다른 사람에게 하는 거짓말

매사추세츠대학 교수인 로버트 펠드먼은 거짓말이 자존감과 깊은 관계가 있다는 것을 발견하고, 자신의 연구물을 통해 매우 흥미로운 연구내용을 소개했다. 이 연구는 자신의 자존감이 위협받는다고 느끼는 사람일수록 더 거짓말을 한다고 되어 있다. 또한 사람들은 다른 사람들이 자신을 어떻게 생각하는지에 대해 보다 더 많이 생각하게 되었고, 그 결과 사실을 온전히 말하거나 솔직하게 말하지 않게 되었다고 말한다. 펠드먼은 "우리는 우리의 모습을 다른 사람들에게 이해시키려고 하기 보다는, 다른 사람들이 원하는 모습에 우리의 모습을 맞추려고 노력한다."[2]고 말했다.

이러한 이유로, 사실을 말해서 위험을 만드는 모험을 감수하기보다는, 거짓말을 통해 이런 것을 피하는 쪽을 너무 쉽게 선택한다는 것이다. 이것은 동료에게 상처를 받거나 그것에 정면으로 부딪치는 것보다는, 아무 말도 하지 않는 것을 선택하게 한다. 이것은 가족과의 약속보다는 상사와 함께 하는 저녁 모임에 가도록 하고, 고객과의 계약을 놓치기 보다는 몇 가지 사실을 그럴듯하게 꾸며 고객을 붙잡게 한다. 또한 영적침체를 알게 하기 보다는 성장하는 강한 크리스천이라는 인상을 줄 수 있는 방법을 찾게 만든다.

왜 우리는 옳지 않는 것에서 편안함을 느낄까? 왜 우리 중 소수의 사람들만이 진실을 유지하는 위험을 감내하려고 할까? 우리 대부분은 사람을 기쁘게 해 줄 뿐 아니라, 우리 자신을 긍정적으로 만들어 줄 수 있는 진리를 스스로 상실하고, 박탈해 버린다.[3] 다음에 소개되는 이야기를 통해 거짓말과 진실의 복잡하고 미묘한 차이를 생각해 보라.

크리스티나는 머리 스타일을 바꾸고 집에 왔다. 부엌에서 커피를 마시며, 신문을 보고 있는 남편을 발견하고 그의 어깨를 두드리며 말했다.
"마이크, 내 머리 스타일 어때요?"
남편은 시선을 신문에서 크리스티나로 옮겼다. 눈썹을 약간 치켜 올리며, 다소 무심한 표정으로 자신 아내의 머리 스타일을 평가했다.
"별로."
그는 짧게 대답했다. 그리고 다시 신문으로 시선을 돌렸다.
"뭐라고요?"
그녀는 소리치며 말했다.
"나는 가끔 당신의 무심함을 참을 수가 없어요."
크리스티나는 목욕이나 하며 마음을 안정시킬 생각으로 욕실로 갔다. 그러나 자신의 머리 스타일이 거울에 비춰지자 재앙을 만난 것처럼 당혹스럽고 화가 났다.

이러한 상황에서 당신은 마이크에게 무엇을 권면하겠는가? 그는 왜 간단히 "아주 멋진데"라고 말해주지 못했는가? 그의 아내에게 상처를 주는 것보다는 약간의 거짓말을 가미한 칭찬으로 아내에게 사랑하는 마음을 표현해 주는 것이 좋지 않았을까? 거짓말하지 않은 것이 어떤 결과를 가져왔는가? 약간의 은혜를 더 추구하기 위해, 아내에게 상처를 주면서까지 진실을 말하는 것을 고집할 수 있겠는가? 당신이라면 어떻게 말하겠는가? 무엇을 선택할 것인가? 거짓말인가, 아니면 진실인가?

자신의 선택이 결정됐다면 다음의 말들은 어떠한지 생각해 보라.

"여보, 난 당신 자체를 사랑해. 내 생각보다는 당신 머리스타일에 대한 당신의 생각이나 느낌이 더 중요하다고 생각해. 그러나 난 다른 스타일이 더 좋은 것 같아."

마이크가 사려 깊게 자신의 생각을 이야기했다면 어떻게 되었을지. 이런 표현은 또 어떠한가?

"이 머리스타일은 내가 좋아하는 스타일은 아니야, 그러나 나한테 당신은 언제나 아름다워."

얼마나 많은 호의가 그들 사이에 존재하는가? 이들은 어떤 결혼생활을 했겠는가? 서로에 대한 인식은 어떠한가? 성숙의 정도는 어떠한가? 조금만 생각을 바꾸면, 다른 많은 방법을 통해서, 우리는 정직하면서도 성숙한 답변을 해 줄 수 있다.

한 가지 더 생각해 볼 것은 크리스티나의 말이다. 놀랍게도 이 이야기에서 무의식적 거짓말을 한 사람은 크리스니타이다. 마이크에게 질문한 말을 생각해 보자.

"내 머리 어때요?"

이 질문은 정직하지 않은 질문이다.

그녀가 진정한 의사소통을 원했다면 크리스티나는 이렇게 말했을 것이다.

"마이크, 새로 바꾼 머리 스타일이 좋아 보일지 걱정되고 신경이 쓰여요. 나는 당신이 당신 생각과 상관없이, 마음에 든다고, 좋다고 말해줬으면 좋겠어요."

이것이 정직한 표현일 것이다. 크리스티나의 질문은 거짓말 그 자체였다. 그 이후 크리스티나는 자신의 머리 스타일 때문에 불편했다. 그녀는 마이크의 인정을 원했다. 때문에 그녀의 머리 스타일은 큰 가치를 가지게 된다. 이럴 때 외모가, 예수님의 사랑 안에서 누리는 휴식의 놀라움을 경험하게 해 줄 수 있는 근원이 될 수도 있을 만큼 중요한 것이 된다.

많은 사람들이 크리스티나처럼 거짓말이 우리의 가치를 높게 만들고 유지하는데 필요한 것이라고 생각한다. 결국 거짓말은 우리 자신에 대한 좋은 느낌이나 생각을 확고하게 하고

> 어떤 해로움도
> 줄 것 같지 않던
> 순간의 거짓말이,
> 잠시 후,
> 복잡하고 어려운 문제를
> 이끌고 나타난다.

타당하게 하고 싶은 우리들의 욕구와 관련되어 있다. 그리고 실제로 그런 효과를 나타내기도 한다.

문제는 거짓말은 단기적인 안도감을 준다는 데 있다. 그리고 곧 그 대가를 요구한다. 어떤 해로움도 줄 것 같지 않던 순간의 거짓말이, 잠시 후, 복잡하고 어려운 문제를 이끌고 나타난다. 이 문제는 시간이 지날수록 더 복잡하고, 더 어려운 것이 된다.

우리 관계의 질을 떨어뜨리고, 거리를 더 멀게 만든다. 사람들 사이에 존재하는 진실의 양을 감소시킨다. 우리의 스트레스는 점차 증가된다. 현실에서 사람들에게 말하는 것에 대한 긴장과 불안을 더 많이 일으킨다. 그리고 가장 중요한 것은 우리가 존재하는 이유인 하나님과 다른 사람을 사랑하는 능력을 약화시킨다.

충돌? 괜찮아!

작가 샌드라 윌슨은 "진실은 우리를 자유로운 상태에 있게 한다. 그러나 그전에 우리를 보잘 것 없는 것으로 만든다."고 말했다. 결함과 흠을 가려줄 거짓말을 선택하지 않는 모험을 해야만 자유를 누리는 공간에 들어갈 수 있다.[4]

'반쪽짜리 진실'을 기반으로 하여 형성된 관계에서는 진실을 말하는 순간이 그 관계의 종결을 맞는 순간이 된다. 거짓말을 유지할 때 파멸을 막을 수 있다.

'온전한 진실'에 기반 한 관계가 항상 좋은 관계를 보장하지는 않는다. 진실하게 시작하여 형성된 관계도 유지될 수도, 깨어질 수도 있다. 그러나 진실로 만들어진 관계는 지속적인 진실을 통해 더 견고해지고 깊어진다.

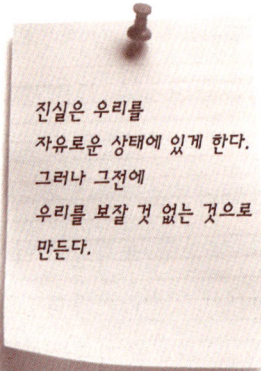

진실은 우리를 자유로운 상태에 있게 한다. 그러나 그전에 우리를 보잘 것 없는 것으로 만든다.

내가 피트와 진실한 대화를 시작했을 때, 우리는 더 이상 무시할 수 없는 충돌을 경험했다. 이것은 새로운 단계였다. 우리는 우리의 다름과 의견 차이를 해결할 방법을 몰랐다. 탈출구를 찾을 수 없었다. 우리는 진실을 말하기로 하고, 그러기 위해 노력했다. 그러나 우리가 생각했던 행복은 찾아오지 않았다. 오히려 피트와 충돌하기 시작했다. 그러나 어렵고 고통스러운 충돌이 있은 후, 결국 우리가 꿈꾸었던 친밀한 결혼생활이 찾아왔다.

우리는 충돌을 무엇인가 잘못되고 있다는 신호로 생각한다. 그러나 충돌은 모든 것이 잘 되고 있다는 표시이기도 하다. 충돌은 평범한 것이고, 필요한 것이며, 가까운 관계로 한층 더 성장하고, 성숙하기 위해 꼭 필요한 것이다.

사실대로 말하는 것은 듣는 사람에게 호의적인 반응을 불러오지 못한다. 진실을 말하는 것은 많은 경우 불필요한 손해를 만들기도

한다. 그러나 기억하라! 예수님은 충만한 은혜와 진리를 가져오신 분이시다(요한복음 1장 17절). 적절한 시간에, 사랑 가운데서, 공손한 언어로 표현하는 진실의 말은 '나'라는 존재 안에 있는 생각과 느낌 그리고 내가 하는 말에 책임을 다하는 것이다. 불행히도 이러한 기술은 태어날 때부터 가지고 있는 것이 아니라 배우고 연습해야 습득할 수 있다.

진실을 말하는 연습

거짓말을 중단하기 위해서는 진실을 말하기로 결단하고, 진실을 말하는 연습을 해야 한다. 진실을 정교하게 잘 말하는 것은 우리 자신이나 다른 사람 안에 있는 하나님의 형상을 발견하고, 존중하는 데 있어 가장 중요한 방법이다. 진실을 어떻게 말하는지를 배우는 것은 영적 성장을 위해 아주 중요한 것이다. 새로운 삶을 위한 공동체인 교회에서도 사람들에게 진실을 공손하며, 정직하고, 명확하게, 그리고 직접적으로 말할 수 있도록 연습시켜야 한다.

✚ 공손하게

예의를 다하여, 모욕하지 않으면서, 다른 사람의 감정을 고려하면서 말하라.

무례한 표현 : " ~ 생각은 너무 형편없네요."

공손한 표현 : " ~ 부분은 잘 이해되지 않네요."

✚ 정직하게

당신이 실제로 생각하고 느낀 것을 말하라. 거짓말 하지 말고, 진실을 얼버무리지 말라.

거짓된 표현 : "나는 점심 먹으러 같이 못가겠어. 다른 약속이 있거든."

정직한 표현 : "난 오늘 점심 먹으러 같이 가지 않는 것이 좋겠어. 좀 쉬어야 할 것 같아."

✚ 명확하게

당신이 말하고 싶은 것을 잘 설명하기 위하여 말하기 전에 생각하라. 또한 구체적인 것도 설명하라.

애매한 표현 : 나는 당신이 종종 저녁을 해 주면 좋겠어.

명확한 표현 : 나는 당신이 화요일과 목요일 저녁을 해 주면 좋겠어.

✚ 직접적으로

말을 빙빙 돌리거나, 진실을 피하기 위해 힌트를 흘리는 형태로 말하지 말라. 질문할 때 서술문으로 변형해서 말하지 말라.

간접적 표현 : 극장에서 좋은 연극공연이 있는데. 그런데 비 때문에

취소될지도 모른대.

직접적 표현 : 비 때문에 취소될지는 모르지만 오늘 저녁에 공연 보러 나랑 같이 갈래?

이것은 보다 많은 생각과 에너지를 요구한다. 그러나 기억하라. 당신은 아마도 공손하고, 정직하며, 명확하게, 그리고 직접적으로 말하지 않는 삶을 살고 있었을 것이다. 우리 중 매우 적은 사람들만이 이러한 방법으로 진실을 말하고 있을 것이다. 가정과 문화 속에 자리 잡은 '반쪽자리 진실'에 익숙한 삶을 살고 있을 것이다. 당신에게 많은 시간을 주라. 그리고 이러한 새로운 기술을 연습할 수 있도록 당신 자신에게 은혜와 관용을 베풀어주라.

하나님께 하는 거짓말

많은 사람들은 실제로 하나님께조차 거짓말을 한다. 사람들은 듣기 원하는 것이나 느껴야 하는 것들만을 하나님과 공유한다. 나도 그런 사람들 중에 한 명이었다. 우리가 아는 것보다 하나님께서 우리에 대해 더 잘 모르신다는 불합리적이고 모순적인 생각을 검토해 봐야 한다. 나 스스로에게 정직하기 시작한 후, 나는 하나님께 잔혹할 정도로 철저히 솔직해지기 시작했다.

몇 년 동안 나는 내안의 충돌을 경험했었다. 나는 열성적인 크리스천이었다. 그런데도 나는 내안에 있는, 도저히 믿을 수 없는 부정적인 생각들이나 감정들과 싸워야만 했다. 슬픔, 분노 등이 내 안을 죄책감과 부끄럼들로 가득 채우고 있었다. 그것들은 부정하고 싶은 내 결점들이었다. 나는 계속해서 하나님께 "당신의 구원의 즐거움이 내게 회복되게 해 주세요"라고 요구했다(시편 51장 12절). 슬프게도 나는 하나님께서 내 내면세계에 있는 고통을 통해 나에게 강력하게 말씀하고 계시는 것들을 깨닫지 못했다.

내 모습과는 대조적으로 신실한 성경의 모델들은 거짓말하지 않고 자신들의 내면세계를 영적으로 포용하고 있었다. 선지자 엘리야와 요나는 차라리 죽는 것이 좋겠다고 하나님께 정직하게 이야기했다(열왕기상 19장 1-5절, 요나 4장 8절). 욥은 10명의 아이들, 자신의 건강, 재산 등을 모두 잃고 난 후, 자신이 태어난 날을 저주하며, 있는 그대로의 감정을 드러냈다(욥기 3장 1절). 세례요한은 자신의 깊은 내면세계에 있던 고통, 즉 예수님이 진정 구주신지에 대한 혼란스런 생각을 예수님께 정직하게 표현하고 물었다(누가복음 7장 18-20절). 놀랍지 않은가? 세례요한은 자신의 혼란스런 생각을 감추거나 무시하지 않았다. 솔직히 내어놓고 그 답을 구했다. 하나님께서는 그분과 우리 관계의 왜곡을 바로잡고, 가려진 것을 보여 주시기 원하신다. 또한 이런 목적을 위해 우리를 부르셨다. 하나님의 존재 안에서, 우리는 때때로 혼동되는 감정들로 인해 발생되는 크고 작은 갈등과 실망에 직면하게 된다.

하나님께 조차도 특정한 어떤 것을 큰소리로 말하지 못하고, 그것은 실제로 그렇지 않을 것이라고 생각하는 것을 중단해야 한다. 하나님께서 우리의 생각과 감정을 모르신다면, 그분은 우리가 얼마나 화나고, 부끄럽고, 희망을 느낄 수 없고, 혼란스러운지를 알지 못하실 것이다. 그러나 하나님께서는 이 모든 것을 다 아신다.

> 하나님께서 우리의 생각과 감정을 모르신다면, 그분은 우리가 얼마나 화나고, 혼란스러운지를 알지 못하실 것이다. 그러나 하나님께서는 이 모든 것을 다 아신다.

나 자신의 실제 모습을 인정해야 한다. 내 실제 모습 안에서 내 인격이 성장할 때, 모든 것을 아시는 하나님 안에서 내가 영적으로 성장한다. 이러한 삶 안에서 하나님의 말씀과 은혜가 충만해진다.

거짓말을 중단하고 천국을 맛보기

거짓말하는 것을 중단하자는 이 말을 충실히 이행하기로 작정했는가? 그런 삶을 살기 시작했다면, 당신은 죽을 것만 같은 느낌을 경험할 것이다. 거짓말이 우리 몸과 삶의 구석구석에 지나치게 깊이 자리 잡고 있기 때문이다. 그러나 이것은 좋은 죽음이다. 궁극적으로 이것은 우리 삶의 회복을 가져다준다.

일단 얄팍한 가면을 벗어 던져버리고, 오늘날 크리스천 문화 안에서 특징지어진 '멋진' 크리스천의 형식적인 삶을 끝낸다면, 당신은 해방과 자유와 진실을 경험하게 된다. 이것은 진정한 하늘나라, 천국의 맛을 느끼게 해 준다.

당신의 관계는 더욱 실제적이고 진실한 것으로 성장할 것이다. 속임이나 감춤이 없어지고, 스트레스나 걱정 그리고 불안은 줄어든다. 더욱 견고하게 자아를 존중하게 될 것이다. 진실을 말하기 시작하면, 당신의 진실성과 온전함이 깨지지 않기 때문이다. 그리고 하나님과 당신 자신, 그리고 다른 사람들과의 관계 속에 평화가 스며들 것이다.

거짓말을 멈추면, 당신의 영이 회복된다. 거짓의 층을 제거하면, 진실한 자아를 인식하게 된다. 하나님께서 당신을 가꾸신다. 하나님의 은혜로 말미암아 당신은 지구상에서 최고의 자유를 누리는 자가 될 것이다. 그리고 이것을 되돌릴 수 있는 것은 아무것도 없다.

딸의 유아세례 축하파티가 끝나고 5년이 지난 후에 피트와 나는 나의 고통과 실망에 대한 이야기를 다시 나누었다. 우리 관계에서 사실을 말하는 기술을 연습하기 시작한 이래 우리는 공손하고, 정직하고, 명확하고, 직접적으로 말할 수 있게 되었다. 나는 나의 고통을 쏟아내며 울고, 남편은 듣는다. 우리는 지난 파티의 순간이 다시 돌아올 수 없는 소중한 시간임을 함께 깨닫게 되었다. 우리는 서로 알아야 하는 것이나, 말해야 하는 모든 것들을 이야기하기 시작했다. 피트는 용서를 구했다. 결국 나는 피트를 마음속 깊은 곳에서부터 진정으로 용서했고, 우리 역사 속에서 고통스러웠던 이 사건은 마감되었다. 그리고 우리관계는 다시 회복되었다.

우리가 자신에게, 또 다른 사람들에게, 그리고 하나님께 하는 거짓말을 중단 할 때, 위대한 일깨움이 시작된다. 감추어 있던 죄악된 모습의 부분 부분들이 드러나게 된다. 내 안에서 죽은 나에게, 또한 죽지 않은 나에게 새로운 질문들이 생겨난다. 선한 것과 죄악된 것들에 대한 인식은 다음 장 '자신을 죽이는 것을 중단하라.'로 우리를 이끌어줄 중요한 문제이다.

3장

자신을 죽이는 것을 중단하라

크리스천의
미덕

✚

사랑스런
크리스천?

✚

잘못된 것과
옳은 것

✚

당신 자신에 대한
발견

많은 크리스천들이 풍요로운 삶을 누리지 못한다. 오히려 피곤, 좌절, 분개를 가지고 살아간다. 무언가 잘못된 방향으로 가고 있는 자신을 발견하고, 탄식하며, 서서히 소진되어 간다. 자신 내면의 모습이 잘못되었다고 규정하고, 소멸시키려고 노력하는 것은, 하나님께서 주신 선물인 자아와 그 분께서 당신에게만 주신 독특한 특성을 박탈하겠다는 뜻이 된다.

당신의 영혼이 즐거움을 누릴 수 있는 음악, 춤, 작문, 예술, 천문학, 야외활동 등을 하찮게 생각하고, 이것들이 당신 삶 속에서 사라지도록 노력하고 있다. 또한 당신은 당신의 중요한 관계를 무시하거나, 당신의 선호를 정직하게 말하지 못함으로서 내면의 자아를 계속적으로 죽이고 있다.

하나님과 관련되지 않았다는 이유로, 또는 우리가 그동안 습득해

온 통념에 의해 잘못이라고 규정된 것이라는 이유로, 당신이 원하는 것들을 소멸시키는 것은 자아존중이 부족하다는 뜻이다. 또한 하나님 그 분 안에 있는 이미지 안에서 만들어진 우리의 개별적인 존엄성을 붙잡는 데 실패했다는 것을 보여주는 것이다. 이것은 예수님을 위해 우리의 삶을 부정하는 비극적인 결과를 만든다.

크리스천의 미덕

교환학생으로 영국에 있을 때, 나는 기독교 모임의 공인된 추종자이고 신봉자였다. 그때 나는 나를 죽이는 목표를 하나 가지고 있었는데, 바로 이성교제 금지였다. 나는 이것이 나를 위한 예수님의 희생적 사랑에 보답하는 길이라고 생각했다. 나는 나의 삶을 이끌어 갈 말씀으로 마가복음 8장 34절 "무리와 제자들을 불러 이르시되 누구든지 나를 따라오려거든 자기를 부인하고 자기 십자가를 지고 나를 따르라."를 택했다.

다시 미국으로 돌아와 나는 대학 기독교 모임의 리더가 되었다. 작은 그룹을 이끌었고, 행사를 계획하고, 사람들에게 연락했다. 후에 남편이 된 피트와 나는 우리의 전공은 예수님이요, 부전공이 학문이라는 농담을 자주 하곤 했다.

전문대학을 졸업하고 2년 동안 고등학교에서 교사 일을 하면서 3

년 동안 기독공동체 일을 했다. 뉴저지에 있는 러트거스대학교를 비롯한 몇 개 대학들의 학생들에게 봉사하며 3년의 시간을 보냈다. 몇 년의 시간을 학생들에게 완전히 바치고 난 후, 나는 피로에 지쳐 있었다. 그러나 피트와 약혼한 후, 우리는 새로 시작할 결혼에 대한 희망으로 가득 차 있었다.

5개월 뒤에 우리는 결혼했고, 뉴욕으로 돌아가 교회를 시작하기 전에 먼저 중앙아메리카에서 스페인어를 배우자는 피트의 뜻을 따라 중앙아메리카로 갔다. 나는 피트와 결혼한다는 것 외에 어떤 비전도 가지고 있지 않았다. 중앙아메리카에서 뉴욕으로 돌아 온 첫 번째 달에 나는 우리 네 딸들의 생일 파티를 처음으로 해 주었다. 피트는 새생명교회 설립에 대한 계획과 가르치는 일에 전념하고 있었다.

네 명의 아이들 속에서 정신없는 나날을 보내는 결혼 8년 째, 교회는 날마다 성장하였고, 새로운 사람들이 교회로 몰려왔다. 그리고 나의 내면은 끝이 없는 교회 일들로 죽어가고 있었다. 무조건 희생하고 참는 것이 "자신을 부인하라"는 하나님의 말씀을 실천하는 것이라 믿었던 나는 나의 육체와 영혼, 자아가 죽어가는 것을 무시했다.

그러나 곧, 이 말씀을 나를 죽이라는 뜻으로 이해했던 것이 잘못이라는 것을 분명하게 알게 되었다. 생산적인 목회 현장에서 세계 전체를 끌어안아야 했지만, 육체적으로나 감정적으로 지친 나는,

정작 나의 영혼을 잃어버렸다.

외향적이고 사교적이던 나는 사라졌다. 나는 점차 우울한 사람이 되었고, 다른 사람들로부터 피해있기 위해 노력했다. 점차 혼자 있는 시간이 길어졌다. 내 고통은 내 스스로 느낄 수도 없는 그런 수준이 되었다. 이 때 난, 우리 교회 사역을 중단했다.

피트와 나는 해결할 수 없는 문제에 이르렀다. 우리의 영혼, 결혼, 교회의 소동을 정리 하는데 도움이 필요했다. 현명한 상담자와 안내자들의 도움으로, 우리는 감정과 생각을 표현하는 연습을 했다. 내 삶이 다시 흐르는 것을 느낄 수 있었다. 나는 나의 화나는 감정, 상처 입은 마음, 그리고 피곤함을 분명히 느끼고 지각할 수 있었다.

"그래요, 그것이 당신의 자아를 느낄 수 있게 할 거예요."

우리의 상담가가 말했다. 그는 계속해서,

"게리, 당신은 이런 원리에 대해 생각해 본적 있어요? 당신이 당신에 대한 사랑을 확장할 때, 다른 사람에 대한 사랑을 더 잘 확장할 수 있다는 원리요."

그의 말이 나의 건조한 영혼에 살아있는 물을 부어주었다.

고통스러운 진실이 새벽 여명처럼 나를 비추며 내 인생을 밝혀주었다.

'아마도 나는 나의 삶의 잘못된 것을 부정하고 있었을 거야. 예수님은 한 번도 절대 나를 죽이라고 하신 적이 없어.[1] 우리가 당하는 고통의 많은 부분이 복음을 위한 것이 아닐 수도 있어. 아마도

그것은 멍청하고 무식한 것 때문일 거야.'

이런 생각이 나를 깨웠다.

사랑스런 크리스천?

처음 크리스천이 되었을 때, 사랑스런 크리스천은 어떤 특정한 특징을 가진다고 배웠다. 이 말은 크리스천들의 하위문화에 의해 내가 영적으로 정형화되었다는 것이다. 나는 어떤 대가를 치르더라도, '사랑스럽고 우수한' 크리스천이 되고 싶었다. 나는 사람들이 특징지은 '좋은' 크리스천의 모습을 진리로 믿어버렸다. 그것은, '절대 아니라고 말하지 않기', '활발한 사회 행사에 참여하기', '불평 없이 많은 것을 효율적으로 수행하기', '모든 일을 완수하기', '자신의 필요 이전에 다른 사람의 필요를 채워주기'였다.

1. 그들은 절대로 아니라고 말하지 않는다.

나는 하나님의 손에서 나오는 재능의 한계와 힘에 대한 성경적 원리를 잘 이해하지 못했다.[2] 하나님은 우리가 인간이라는 것을 포함한 원리를 정하셨다. 우리는 하루 24시간, 7일, 일주일 전체를 전혀 쉬지 않고 일하는 기계가 될 수 없다. 우리의 몸과 마음은 잠과 휴식을 필요로 한다. 하나님을 사랑하여 하나님의 일을 하는 것이,

이런 우리의 모든 필요를 무시하라는 뜻은 아니다. 우리는 우리의 나이, 개인적 상태, 결혼, 아이들, 재능, 교육, 가족구성, 경제수준에 의한 특정한 한계를 가지고 있다. 그것을 인정하고, 고백한다고 '사랑스런' 크리스천이 되지 않는 것은 아니다. 우리는 '사랑스런' 크리스천이 되기 위해 자신의 필요는 무시한다.

친구 : "게리 나 좀 데려다 줄 수 있어?"
게리 : "그럼" (내가 너무 지쳐 있어도)

교회 동료 : "게리 이번 주일에 나 대신 아이들을 가르쳐 줄 수 있어? 어제 밤에 3살 먹은 아이 때문에 잠을 잘 못 잤더니, 기분이 좋지 않아."
게리 : "그럼" (나 역시 나의 작은 아이 때문에 너무 소진되어 있어도)

피트 : "게리, 저녁을 다른 사람과 같이 먹어도 될까?"
게리 : "그럼" (우리끼리 먹는 것을 선호하더라도)

이런 요청이나 필요에 상관하지 않는 것은 내 감정이 비워지고 고갈되는 것을 문제 삼지 않는다는 것이다. 자기 자신의 필요에는 전혀 귀 기울이지 않는 것이다. 나는 믿는다. '사랑스런' 크리스천도 드물게 아니라고 말할 수 있다는 것을.

2. 그들은 활발한 사회 행사에 참여한다.

나의 활발한 사회적 삶은 나에게 '좋은 것'과 '사랑스러움'에 대한 잘못된 감각을 주었다. 나는 '사랑스런' 크리스천은 많은 초청을 받는 사람이라는 잘못된 생각을 가졌다. 그래서 나는 더 많은 사회 행사에 참석함으로서 내 자신에 대해 더 좋은 느낌을 가졌다.

결국 이러한 초청들이 내게 무서운 짐이 되었다. 왜냐하면 나는 그것들의 모든 것을 참석 한다고 말할 수밖에 없었기 때문이다. 한 명이 얼마나 많은 생일파티, 돌잔치, 졸업, 결혼식, 점심, 저녁식사, 교회 행사들에 참석할 수 있겠는가? 나만의 시간을 원하는 나의 욕구는 절망적이었다. 나의 달력 일정은 우리 교회의 의무사항과 가족들의 일, 우리 네 명의 딸들과 관련된 일에 굴복되어 있었다. 이것은 재앙을 향한 길이었다.

3. 그들은 불평 없이 많은 일을 효과적으로 수행한다.

나는 이것이 매우 큰 시험이라고 생각한다. 나는 나 자신에게 "나는 예수님이 주신 능력 안에서 내가 모든 것을 할 수 있다"(빌립보서 4장 13절)고 말했다. 그리고 그렇게 했다. 어떤 불평도 없이!

정확하게 말하면 많은 불평에 직면했었다. 그러나 삶을 도저히 감당할 수 없고, 이런 삶을 살고 싶지 않다는 것을 절대로 인정하지 않았다. 많은 불평들을 그 사람에게 직접 말하는 대신에, 다른 제삼자들에게 가서 쏟아냈다.

이런 생활이 나를 덮쳐버렸다. 나는 그만하고 싶었다. 그러나 이것을 그만둘 힘조차 없었다. 나는 결국 나의 좌절을 다른 누군가에게 넘기려고 노력했다. 주로 피트였다.

4. 그들은 주어진 모든 일을 완수한다.

왜 그런지 모르겠지만 나는 내가 더 바빠질수록 하나님의 사람이 되어간다고 생각했다. 만약 내가 이기적이지 않고, 내 시간을 더 많이 희생했다면 나는 사랑할 줄 아는 사람이 되었을 것이다. 사도 바울은 주어진 많은 일을 마쳤다. 예수님도 그러하셨고, 성경에 당시 성숙한 여인이라고 불리는 내가 아는 여인들 대부분도 그러했다. 한 번은 한 크리스천 리더가 자신은 죽을 때까지 할 수 있는 한 많은 일을 할 것이라고 내게 말했었다. 그리고 "저는 하늘나라에서 풍부한 쉼을 누릴 거예요"라고 하면서 "세상에서 살아가는 동안 저는 할 수 있는 한 오래, 그리고 열심히 일할 거예요"라고 덧붙여 말했다.

나 역시 내게 주어진 많은 일을 했다. 문제는 난 피곤했고, 원통했고, 화가 나 있었다는 점이었다. 나는 크리스천으로 좋은 삶을 살기 위해 머리글자를 모은 'JOY(기쁨)'라는 말을 만들고, 이대로 살기 위해 노력했다.

'JOY' 기쁨

Jesus first   예수님이 첫 번째

Others second   다른 사람들이 두 번째

Yourself third   당신 자신은 세 번째

나는 언제나 내 것보다 다른 사람의 것, 아이들이나 남편의 필요를 채우기 위해 노력했다. 빌립보서 2장 3~4절 "아무 일에든지 다툼이나 허영으로 하지 말고 오직 겸손한 마음으로 각각 자기보다 남을 낫게 여기고 각각 자기 일을 돌볼뿐더러 또한 각각 다른 사람들의 일을 돌보아 나의 기쁨을 충만하게 하라"는 바울의 권면을, 나 자신을 돌보기보다는 다른 사람을 돌보라는 뜻으로 이해하고 그러기 위해 노력했다.

문제는 그렇게 하지 못했다는 것이다. 나는 나의 영혼에서 예수님의 실제적 기쁨이 천천히 빠져나가는 것 같은 'JOY(기쁨)'의 요구에 점점 비참해져 갔다.

잘못된 것과 옳은 것

신앙 초기, 나는 인간의 죄와 타락에 집중했다. 하나님의 놀라운 계획 속에 있는 나, 그리고 내 안에 숨겨진 하나님의 좋은 씨앗은 잘 생각하지 못했다. 사람의 마음은 선하지 못하고, 오직 죄로만 가득하다고 생각했다.

당연히, 우리의 모든 것이 죄에 의한 나쁜 것이 되었다. 그럼에도 불구하고, 우리를 향하신 하나님의 계획과 선은 모든 사람들 안에 거한다. 이것은 종교적 오만, 죄악, 방랑, 그리고 당신과 나를 포함한다. 헨리 나우웬은 이것을 다음과 같이 설명했다.

"오래전에, 나는 낮은 자존감을 미덕의 한 종류로 생각했었다. 나는 자랑스러움을 나타내는 것을 경계했고, 나 자신을 비난하는 것은 좋은 것이라고 자부했었다. 그러나 지금 나는 진정한 죄는 우리를 위한 하나님의 최고의 사랑을 부정하는 것, 원래의 선을 무시하는 것이라는 점을 깨달았다. 왜냐하면 나를 위한 그분의 큰 사랑과 원래의 선을 주장하는 것 없이는, 자아에 있는 선과의 접촉을 잃어버리고, 아버지 집에서만 찾을 수 있는 것을 잘못된 사람과 잘못된 곳에서 찾으려는 죽음의 찾음에 들어가기 때문이다."[3]

균형적이지 못한 신학이론들은 긴밀하게 결부되어 있는 이 두 가지 긴장을 함께 잡아내지 못한다. 결과적으로 잘못된 것들과 선한 것들을 없애는 것에 대해 혼란을 느끼게 된다.

✚ 잘못된 것들을 죽이기

이러한 오해의 결과로 나는 내 안에 있는 잘못되었다고 생각하는 것들을 모두 없애기 위해 노력했다. 나는 믿었다. 나 자신을 죽이는 것이, 자신의 필요보다는 다른 사람의 필요를 채우는 방법이라고 생각했다. 게다가 나의 남편, 아이, 교회의 필요를 위해 나 자신을 희생하는 것이 하나님을 위한 것이라고 생각했다.

여섯 명의 어린 아이를 키우면서 정부 보조비를 받아 생활하는 혼자된 여자가 길 건너에 살고 있었다. 나는 계속적으로 그를 돕는 일에 대한 책임감을 가지고 있었다. 그녀가 가게에 갈 때 태워주거나, 그녀가 아이들을 돌보는 것을 도와주거나, 옷과 돈을 제공해 주는 일 등이었다.

옆집에는 마약판매상이 살았다. 이들은 정기적으로 나의 이타정신과 인내를 실험했다. 그들에게 마약을 구입하려는 술 취한 고객들 때문에, 우리는 늘 잠을 자던 도중에 깨어나야만 했다. 늦은 밤, 매춘부와 싸움이라도 일어나면 우리는 그 싸움이 빨리 끝나기를 바라는 마음으로 잠자리에 들었다. 우리는 매일 부딪치는 이런 문제들을 어떤 불평도 없이 괜찮다고 말하며 의무감으로 응대했다. 나는 나를 죽이는 유형의 경험을 했다. 그러나 이것은 나 자신을 죽이는 것이 아니었다. 이것은, 나를 초대하시는 하나님의 많은 선물들을 그릇되고 부당하게 죽이는 일이었다.

나의 잘못된 판단이 산, 호수, 바다, 산책로와 함께하는 야외활동이 주는 기쁨을 죽였다. 교회생활을 시작하기 전에 나는 야영을 사랑했었다. 그러나 나는 자연스러운 나의 사랑을 잘못된 것이라 규정하며, 17년 동안 죽여 왔었다. 뒷마당에 있는 사랑스러운 나무를 돌보는 일로 그동안의 모든 바깥활동을 대신했다. 부모님의 해변 집에서 여름방학을 보내는 횟수가 점차 줄어들었다.

그러나 하나님께서는 한번도 내게 내가 사랑하는 야외 활동과 아름다움을 사랑하는 것을 죽이라고 말씀하지 않으셨다. 내가 해야 할 많은 일을 가지고 있음에도 그렇게 말씀하시지 않았다.

나의 잘못된 판단으로 나는 나 혼자만의 고요한 시간에 대한 내 욕구를 죽였다. 초기에 혼자 아이들을 키우는 것은 거의 나를 죽이는 것이었다.

나의 잘못된 판단으로 나는 나의 친척들과의 교류 생활을 죽였다. 나는 가족의 중요한 행사에 교회일로 인해 참석하지 못했다. 나는 사촌이나 동생, 이모들과 함께 떠나는 여자들만을 위한 여행에 여러 번 빠졌고, 결혼식 등의 다른 행사도 빠졌다. 나는 피트에게 피트의 삶을 재배열하여, 내가 이런 곳에 참여할 수 있도록 해달라고 요청하지 않았다. 내가 그런 요청을 할 만큼의 가치를 가진 사람이라고 생각하지 않았기 때문이었다. 나는 이런 행사에 빠지는 것이 예수님께 헌신하는 것이라는 잘못된 신념을 가지고 있었다.

마지막으로 피트와 나의 잘못된 판단으로 우리는 우리의 위대한 결혼생활을 죽였다. 우리는 우리가 무엇을 놓치고 있는지 알지 못했다. 덕분에 상호 만족스러운 결혼생활, 친숙하고 성숙된 결혼생활을 하기까지 매우 많은 시간이 걸렸다. 우리는 아름다운 결혼생활을 위한 어떤 훈련도 받아들이지 않았다. 그리고 아주 적은, 있다 하더라도 매우 적은 모델을 가지고 있었다. 우리는 교회 일에만 우리 자신들을 내던졌다. 하나님께서 주신 기쁨을 누리지 못한 채 8년을 보냈다.

당신은 어떠한가? 피트와 나는 정기적으로 그렇지 않은 것을 잘못이라고 규정하는 것이 있는지 생각한다. 또한 그것들을 죽이지 않도록 도와줄 점검기도를 한다. 우리는 몇 분의 침묵의 시간을 가지고 우리들 자신에게 묻는다. 지난주 중 언제 살아있는 것과 같은 느낌을 느꼈는가? 언제 소진된다고 느끼는가?[4]

만약 우리가 그렇지 않을 것을 잘못된 것이라고 규정하고 이것들을 죽였다면, 우리는 곧, 반대적 상황에 직면할 것이다. 유대인 랍비들은 이것을 이렇게 표현했다. "성경을 연구하는 것은 그것에 복종하는 것 보다 더 중요하다. 왜냐하면 만약 당신이 성경을 올바르게 이해하지 못한다면, 당신은 잘못된 방법으로 순종할 것이고, 당신의 순종은 불순종이 될 것이기 때문이다."[5]

지나치게 과장된 표현일 수 있긴 하지만, 잘못된 것들을 죽이지 않고, 옳은 것들을 죽이는 것이 올바른 신앙적 삶을 위한 방법일 수 있다.

✚ 옳은 것들을 죽이기

하나님께서는 절대로 우리에게 우리 자신들의 일부를 죽이라고 말씀하지 않으신다. 그러나 우리는 다른 사람들과 구별된 우리 자신만의 가치를 가지게 해 주는 것들을 죽인다. 방어적 기질, 비판적 성격, 방어적 자세 등 죄 같아 보이는 모든 기질들을 도둑, 탐심과 같은 명백한 죄와 마찬가지로 죽이기 위해 노력한다.

다윗을 생각해 보자. 다윗은 그의 거짓, 하나님보다 군사적 힘을 더 신뢰하는 것, 다른 이들의 생각에 대한 걱정들은 제거하기 위해 노력했다.[6] 그러나 다윗은 절대로 그가 사랑하는 음악과 시를 포기하지 않았다. 막강한 힘을 가진 바쁜 왕이 되어, 시를 쓰는 것에 쉽게 시간을 낼 수 없는 상황에

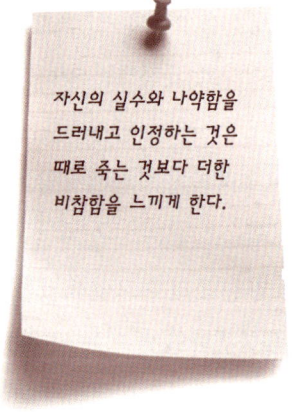

자신의 실수와 나약함을 드러내고 인정하는 것은 때로 죽는 것보다 더한 비참함을 느끼게 한다.

있을 때에도 그는 늘 시를 지었다. 그가 시 쓰는 것을 포기하지 않음으로 오늘날 우리가 유익을 얻고 있다.

우리가 진정한 하나님의 사람으로 변화되기 위해서는 깊게 숨겨진 부분이 노출되어야 한다. '좋은' 크리스천으로 보이기 위해 우

리를 포장한 것들을 벗어버려야 한다. 우리에게 깊게 배어 있는 이런 습성들과 맞닥뜨려야 한다. 그리고 없애야 한다. 이것이 우리가 예수님의 사랑, 진리, 자유 안에 사는 유일한 길이다. 그러나 자신의 실수와 나약함을 드러내고 인정하는 것은 때로 죽는 것보다 더한 비참함을 느끼게 한다.

나는 피트가 있는 거실의 긴 의자에 앉아 울었던 것을 기억한다. 나의 약함을 받아들이기 위해 사투를 벌일 때였다. 공중그네를 타는 곡예사가 어떤 안전장치도 없이 곡예를 하는 것과 같은 기분이었다. 전쟁과 같은 요동 가운데 나는 작은, 그러나 지속적으로 들려오는 하나님의 음성을 들었다.

"게리, 여기 너를 위한 안전장치가 있어. 그것은 복음이야, 예수님이 너를 위해 죽으셨어. 너는 사랑스러워, 너는 약할 수 있어. 그러나 너의 가치를 입증하기 위해 버려야 할 어떤 것도 가지고 있지 않아"

무엇이 잘못된 것이고, 무엇이 옳은 것인가? 하나님과 무관해 보이는 음악, 천문학은 중단해야 할 잘못된 것인가? 급한 성격, 강한 추진력, 또는 소심한 태도 역시 잘못된 것인가? '좋은', 그리고 '사랑스러운' 크리스천으로 규정된 삶을 위해 노력했던 것들은 옳은 것인가?

'좋은', '사랑스러운' 크리스천을 의미하는 나만의 환상은 내 앞에서 무너졌다. 지금 나는 나 자신을 보호하는 것, 즉 거절에 대한 두려움 등 그동안 좋은 것이라고 여겼던 것들을 죽이는 것을 시작했다. 나는 이제 하나님께서 주신 나의 가치와 나의 요구를 무시하게 하는, '옳은 것'들을 죽일 수 있다. 이것은 다시 태어나는 것과 같은 것이다.

당신 자신에 대한 발견

자신을 죽인다는 것은 당신이 자아를 가지고 있다는 것을 말해준다. 문제는 많은 크리스천들이 자신이 가지지도 않은 자신을 희생하기 위해 노력한다는 것이다.

1. 당신 마음을 알라

당신 마음을 알라는 의미는 매 순간 당신 내면에 있는 광범위한 사고나 감정에 집중하라는 의미이다. 최고의 유엔 사무총장이었던 대그 하마슐드는 "우리는 외부 공간을 탐험하는 것에 능숙해져 왔다. 그러나 우리는 우리 개인의 내면세계를 탐험하는 기술은 발전시키지 못했다. 사실 가장 긴 시간이 필요한 여정은 내부에 대한 여정이다." 라고 말했다.

당신의 마음, 또는 당신의 내면세계를 대표하는 것들을 나타내는 아래 원을 보자.

```
        자아
      
    사고
        감정
  판단
    두려움   희망
      신념
```

　당신이 생각하고 느끼는 방식이 당신 내면의 자아를 만든다. 당신의 갈망들이 바로 당신이다. 당신의 선호들이, 당신의 두려움들이, 당신의 신념들이, 당신의 감정들이, 당신의 사고들이, 이것들이 모두 당신을 나타낸다. 당신의 미래를 생각하기 전에, 당신의 두려움, 선호, 기준을 알아보는 것에 시간을 더 투자하라. 우리 내면을 깊게 아는 것은 결코 쉬운 일이 아니다. 때로는 고통스러운 작업이다. 이것은 성령님께 솔직해야 가능하다. 깊고 넓은 생각을 위한 많은 시간을 필요로 한다.

　내가 만난 많은 사람들처럼, 내가 중요하게 여기는 나의 진실한 가치들도, 내 무의식 안에 묻혀있었다. 나의 긍정적 가치들을 찾을 수 없었고, 확신할 수 없었다. 이런 어려움을 해결하기 위해, 나는 먼저, 나의 부정적 가치들을 정립하기 시작했다. 나는 이런 질문들에 대한 답을 정리하기 시작했다. 내가 싫어하는 것은 무엇인가? 이런 여정의 초기에 적었던 몇 가지 것들이다.

✓ 나는 화난 사람 주변에 있는 것을 좋아하지 않는다.

✓ 나는 "아니오."라고 말하는 것을 좋아하지 않는다.

✓ 나는 북적거리는 공간을 좋아하지 않는다.

✓ 나는 남편 없이 나 혼자 아이들을 돌보는 것을 좋아하지 않는다.

✓ 나는 끊임없이 일만하는 사람과 결혼하는 것을 좋아하지 않는다.

✓ 나는 바쁜 것을 좋아하지 않는다.

그리고 난 내 자신에게 더 어려운 질문을 던졌다.

✓ 나의 가치는 무엇인가?

✓ 나에게 중요한 것은 무엇인가?

✓ 무엇이 나의 희망이고, 나의 선호이고, 기쁨인가?

✓ 무엇이 나를 진정으로 즐겁게 하는가?

앞서 이야기한, 내가 잘못 판단하여 내게서 사라지게 했던 많은 것들이 내 안에서 다시 살아나기 시작했다. 나는 고요한 나만의 시간, 야외활동, 친밀한 결혼생활, 창의적이고 탐험적인 새로운 장소를 갈망하고 있었다.

내게 중요한 것, 가치 있는 것을 파악하고 알아차리는 데 시간이 필요했다. 내 마음을 인식하는 것의 실패는, 결과적으로 나 자신과의 연결고리, 관계를 잃어버리는 것이다. 그리고 만약 당신이 자신과의 연결을 잃는다면, 당신은 하나님과의 의존적 상관관계에서 쉽게 벗어나게 될 것이다. 이렇게 된다면 영적 성장은 사실상 불가능하다.

당신의 마음을 아는 것은 하나님의 임재 안에 있을 것을 요구한다. 그리고 당신의 활동, 반응, 동기, 감정, 사고 등에 대한 어려운 질문을 당신 스스로에게 던질 것을 요구한다. 이어지는 사건이 이러한 과정을 설명한다.

우리 집 뒤쪽에 있는 이웃집 개는 밤 11시 30분이 되면 짖는다. 침대에 누워, 곧 이 소리가 잠잠해 질 것이라고 내 자신을 위로하지만, 그런 일은 일어나지 않았다.

나는 그 집 블록 주변을 운전하다가, 그 집 문을 두들겼다.

영어를 할 줄 모르는 중년 여자가 나왔다. 그녀는 13살 된 딸을 깨웠다.

"뒷마당의 개가 계속 짖고 있는 것을 알고 있어요?"

나는 몹시 짜증난 어투로 말했다.

"거의 자정이에요! 개를 집안으로 데리고 들어가 주시면 안 될까요?"

딸이 여자에게 통역했다.

"우리는 개를 무서워해요."

어린 소녀가 대답했다. 그리고 엄마가 머리를 끄덕이며 동의의 표시를 했다.

"뭐라고요? 어떻게 당신들의 개를 당신들이 무서워 할 수 있나요?"

나는 거들먹거리며 말했다.

순간적으로 성령님께서 내게 말씀하셨다.

"너도 점점 커지는 너의 개를 두려워했었잖니."

그것은 사실이었다.

그 순간 나는 그들에게 아무 말도 할 수 없었다.

나는 자리를 떠났다.

결국 개의 짖는 소리는 멈추었다. 그들이 잠시 들른 친척에게 용감하게도 개를 집안으로 가져다달라고 부탁한 것이다. 다음날, 나는 이 일을 계속 생각했다. 하나님께서 조용히 내게 말씀하셨다. 그들이 개를 두려워하는 것은 바보 같은 것이 아니라고. 그들이 할 수 있는 일은 어떤 것도 없었다. 나는 잘못된 의사소통을 했다. 만약 그들이 바보였더라도 그들을 다루는 방법은 분명 잘못된 것이었다. 나는 내가 무엇을 해야 할지를 알았다.

다음날, 나는 그 집을 찾아가서 사과했다. 이것은 내 반응에 집중하고, 진실 된 내 마음의 소리에 대해 정직한 결과였다. 하나님께서는 건강한 분노를 죽이라고 하지 않으신다. 그러나 내 마음에 정직해야 한다. 개에 대한 두려움을 가진 적이 있으면서도, 개에 대한 그들의 두려움에 향해있는 나의 거만한 태도는 위선의 정점이었다. 우리가 정직하지 않고, 우리 마음에 대해 알고자 하지 않으면, 우리는 믿을 수 없는 변화의 기회를 놓치거나 우회하게 된다.

2. 당신의 성장과정을 알라

우리가 형성되는 어린 시절의 우리는, 액체로 된 시멘트와 같다. 이것은 가족의 나뭇잎 틀에 들어가 그 모양대로 굳는다. 무의식중에 그 형상을 자신에게 각인시킨다. 이렇게 새겨진 모양을 바꾸는 것은 매우 어려운 일이다. 우리가 성장한 후에야 우리는 그것의 깊은 영향을 깨달을 수 있다.

나의 가족은 감사하게도, 내게 많은 긍정적 유산을 주셨다. 이것에는 가족에 대한, 하나님을 믿는 믿음에 대한, 가난한 사람들에 대한 마음들이 포함된다. 그러나 불행히도 나는 부정적인 유산도 물려받았다. 예를 들면 나는 불쾌한 감정을 어떻게 피하는지, 충돌을 어떻게 다루는지에 관한 좋지 않은 방법을 배웠다. 이러한 유산들은 나를 거쳐 내 성인의 삶과, 나의 결혼생활, 나의 틀에, 나의 다른 관계에 들어와 활동한다.

우리가 그리스도의 가족 안에 살고 있다고 말하면서, 여전히 이전에 배운 건강하지 않은 삶의 방식을 지속한다면, 우리는 어리석은 사람인 것이다. 빈정댐, 방어, 완벽주의, 앙갚음, 비꼼, 정죄, 용서하지 않는 것과 같은 것들은 그리스도를 따르는 것이 아니다. 우리는 반드시 우리 이야기를 살펴야 한다. 지켜야 할 좋은 것은 무엇인지, 용감하게 바꿔야할 것은 무엇인지. 그렇게 할 때, 옳다고 믿었던 것들을 죽일 수 있다.

당신의 영적인 역사를 생각해 보는 것도 중요하다. 예를 들어 나의 열정적 복음주의의 기독교관은 나에게 긍정적인 면과 부정적인 면을 형성시켰다. 긍정적인 것은 성령님의 힘과, 세계를 위한 하나님의 사랑, 말씀을 사랑하는 것, 복음의 은혜, 예수님과의 개인적 관계의 기쁨에 관해 배운 것이다. 부정적인 면은 약함을 무시하는 것, 분노라는 어려운 감정을 피하는 것, 다른 사람들의 영적 여정을 판단하는 것, 나의 깨짐을 받아들이지 않으려는 것이고, 이제 이것들을 없애는 것이 필요하다는 것을 배운 것이다.[7]

당신의 이야기를 숙고해 보라. 당신의 어머니로부터, 당신의 아버지로부터, 당신 삶에 받아들인 것이 무엇인가? 당신을 키워주고 지도해 준 사람들로부터 배운 것이 무엇인가? 그리고 생각해 보라. 이런 것들에 대한 하나님의 말씀은 무엇인지. 이중에 무엇이 옳은 것이고, 잘못된 것인지를 어떻게 깨달을 수 있을까?

3. 당신의 성격을 알라

- ▶ 당신은 누구인가?
- ▶ 무엇이 당신을 살아가게 하는가?
- ▶ 무엇이 당신을 소진시키는가?

▶ 언제 당신은 당신을 보호하려고 하는가?

▶ 무엇이 당신을 방어적 자세로 취하게 하는가?

▶ 무엇이 당신을 흥분하게 하는가?

▶ 무엇이 당신을 열정으로 이끄는가?

많은 고찰들이, 우리가 누구인지를 알 수 있게 하지만, 우리는 그렇게 하지 않는다.

다양한 성격 테스트들과 개발자들이 있다.[8] 그러나 어떤 유형의 성격 테스트를 받든지, 반드시 당신의 성격과 관련한 중요하고 특별한 두 가지에 대한 이야기를 듣게 될 것이다. 바로 내향적인가, 아니면 외향적인가의 결정과 당신 가치의 근원이 무엇인가 대한 것이다. 이것들은 당신의 성격을 알기 위한 중요한 요소이다.

(1) 당신은 내향적인가, 외향적인가?

내향적과 외향적은 무엇이 당신에게 힘을 주는가에 대한 것이다. 외향적인 사람은 외부 세계로부터, 사람들의 존재로부터 힘을 얻는다. 내향적인 사람은 내면세계, 혼자 있음으로 힘을 얻는다. 나는 내 자신이 강한 외향적 성향을 가지고 있는 사람이라고 늘 생각했었다. 새로운 사람을 만나는 것을 즐기고, 사람들을 잘 다루고, 사람들의 그룹에 있는 것을 사랑했기 때문이다. 그러나 나는 내향적 성격을 처음 가졌던 때를 절대 잊지 못한다. 나는 내향적 성향도 가진 보통의 외향적 사람이라는 것을 발견했다. 나는 정신이 아뜩했다. 그러나 또한 자유로웠다. 이것은 끊임없이 높은 수준의 활동을 해야 된다는 피곤하고, 강한 압박이 있는 나의 삶에 빛을 비추어 주었다. 이것은 내가 나 혼자만의 시간을 만들지 않고, 어린 네 명의 딸들을 돌보던 때도 포함한다. 내 마음이 고요하고 한적한 혼자만의 시간을 원하는 것에 대한 죄책감을 내려놓을 수 있었다. 내 마음의 필요를 인식하고, 확신할 수 있었으며, 이것은 타당한 것이라고 생각할 수 있었다.

사람들과 함께 있을 때와 혼자 있을 때의 균형으로부터 많은 힘과 창의성이 나온다. 이것이 큰 벽으로 둘러싸인 곳에 혼자 갇혀있는 것 같은 내 삶의 현재 모습을 깨닫게 해 주었다. 또한 내 영혼에 필요한 양분을 주었다.

(2) 당신의 가치와 자부심의 근원은 무엇인가?

이것은 당신에게 주어진 능력에 따라, 어떻게 사랑스러움이나 수용할 수 있는 느낌을 느끼는지에 관한 것이다. 여기 두 개의 질문이 있다. 이 질문들은 당신의 가치와 자부심의 근원이 무엇인지를 알게 해 주는 데 도움을 줄 것이다.

- ◆ 당신이 가장 중요하고 의미 있다고 생각하는 것은 무엇인가?
- ◆ 당신의 행동을 유발하는 가장 두려운 것은 무엇인가?

내겐 일을 완벽하게 하는 것이 가장 중요했다. 일의 완성을 사랑했다. 이것은 그것이 강요될 때까지는 나쁜 것은 아니다. 나는 나의 가치와 자부심을 위해 하나님을 의지하기 보다는 완벽하게 일하는 것을 의지했다. 이것은 사랑하는 사람들에게 상처를 주는, 건강하지 않은 완벽주의가 될 수 있다.

도움 될 만한 많은 성격테스트들이 있지만, 나는 애니어그램이 크리스천을 위한 가장 강력한 평가도구라고 생각한다. 애니어그램은 죄가 9가지 기본적인 개인적 유형을 따른다고 보고, 이들을 각각 1유형, 2유형, 3유형 등으로 이름 붙였다. 우리의 행동을 형성하고 동기를 주는 것, 우리 삶의 외연을 만드는 중요한 죄악과 유혹을 정의하면 개인적인 죄의 습성을 더 잘 없앨 수 있다. 자아 탐색은 하나님이 주신 은사와 특별한 재능이 살아나게 해 준다. 이러한 인식이, 우리가 우리의 가치를 하나님보다 다른 것에 두었던 죄로부터 자유로울 수 있도록 한다.[9]

애니어그램에서 제시하는 9가지 유형을 살펴보고, 어떤 것이 가장 자신을 잘 묘사하고 있는지 생각해 보라. 그 후, 개선방법을 보고, 기도하는 마음으로 자신 유형에 해당하는 개선방법을 숙고하라.

◆ 애니어그램의 9가지 성격 유형[10] ◆

9가지 유형	특징	개선 방법
1 완벽주의자	올바른 사람이 되고 싶은 욕구를 가지고 있다. 옳은 방법으로 살아야한다는 것, 자기 자신과 다른 사람들을 향상시키고 싶어 하는 것, 그리고 화를 피하고 싶어 하는 것의 욕구가 삶의 동기가 된다. 이들은 자기훈련이 된 사람들이고, 열심히 일하며, 책임감이 강한 사람들이다. 이들은 의무, 순서, 향상에 대한 의식을 가지고 있다.	완벽주의를 버려라. 근원되시는 예수님 안에서, 당신은 완벽해야만 하거나, 항상 옳아야만 하지 않는다. 당신은 당신 자신과 다른 사람들의 잘못을 용서할 수 있다. 당신이 휴식하고 즐거움을 누리는 것은 좋은 것이다. 당신은 당신이 필요로 하고 원하는 것을 요청할 가치가 있다. 조심하라! 다른 사람이 당신 기대에 미치지 못했을 때, 지나치게 혹독하게 비판하지 않도록.
2 기부자	필요한 사람이 되고 싶은 욕구를 가지고 있다. 이 유형의 사람들은 다음 두 가지 동기에 의해 행동한다. 하나는 사랑스럽고 감사한 사람이 되고자 하는 것이고, 다른 하나는 다른 사람들에게 당신도 어렵고, 애정이 필요하다는 것을 보이지 않게 하려는 것이다. 이들은 너그럽고, 따뜻하고 애정이 어리다. 그러나 이들은 아니라고 말하는 것을 매우 어려워하고, 이기적인 것을 두려워하여, 자신들을 위한 일을 잘 하지 않는다.	다른 사람을 구하려는 욕구를 버려라. 세계를 구하는 것은 하나님의 일이지 당신의 일이 아니다. '좋아', '그래' 라고만 말하는 것, 다른 사람들이 당신을 인정하게 하고자 하는 것에 대한 필요를 없애라. 조심하라! 다른 사람을 돌보는 중에 당신을 잃지 않도록. 깨어 있어라! 다른 사람을 소유하거나 조정하고 싶은 유혹으로부터. 반드시 인기 많은 사람, 총애받는 사람, 사랑하는 사람이 될 필요는 없다.

9가지 유형		특징	개선 방법
3	성취자	성공한 사람이 되고 싶은 욕구가 강하다. 이 유형의 사람들은 다음 세 가지 필요에 의해 행동하게 된다. 생산하려는 것, 성공하려는 것, 실패를 피하려는 것이 그것이다. 이들은 탄력적이고, 책임감이 강하고, 존경받는 사람들이다. 이들은 능숙하고, 열심히 일한다. 또한 목표 지향적이고, 훌륭한 생산자이다.	당신의 성공으로부터 당신의 가치와 삶의 지각을 이끌려는 욕구를 버려라. 그리고 실수에 대한 두려움을 없애라. 당신의 일속에 하나님의 쉼의 리듬을 받아 들여라. 친구나 가족들과 노는 시간을 가져라. 당신의 높은 기대감이 건강하지 못한 완벽주의나, 사랑스럽지 못한 행동으로 변질되지 않도록 조심하라. 예수님의 사랑 안에서, 당신은 당신의 약함을 받아들이고, 이겨낼 수 있다.
4	낭만주의자	특별한 사람이 되고 싶은 욕구가 강하다. 다음 네 가지 필요가 행동의 동기가 된다. 다른 사람과 깊은 수준의 따뜻한 관계를 형성하여, 그들의 감정을 이해하려는 욕구, 활발한 상상과 창조의 욕구, 지속적으로 삶의 의미를 찾으려는 욕구, 평범하게 보이지 않으려는 욕구가 그것이다.	특별하고 싶고, 일반적이지 않으려는 욕구를 없애라. 조심하라! 다른 사람을 선망하거나 자기혐오를 하지 않도록. 생각하라. 당신의 느낌으로 모든 것을 하려고 하지 않도록. 순간을 즐기고, 긴장을 풀어라. 당신은 이미 특별하고, 아름답다. 당신은 하나님께서 많이 사랑하시고, 완벽하게 인정하시는 자녀이다.

9가지 유형		특징	개선 방법
5	관찰자	알고자 하는 욕구가 강한다. 다음 다섯 가지 동기에 의해 행동한다. 모든 것을 알려고 하는 것, 세계를 이해하고자 하는 것, 자신들에게 안정감을 주려는 것, 다른 사람에게 의지하는 것을 피하려는 것, 감정적으로 관련되지 않은 상태로 남으려는 것이 그것이다.	다른 사람들에게 자신을 알리지 않으려는 욕구를 없애라. 그룹 안에 당신이 있을 때, 당신이 아는 무언가를 제공하라. 당신에게 중요한 것들을 다른 사람들에게도 알리라. 하나님은 당신의 쉼과 안정의 근원이시다. 당신의 지식이 아니다. 이 진리가, 당신이 당신 그룹에게 가장 뛰어난 사람이 아니거나 실수를 해도 괜찮을 수 있도록 도와 줄 것이다.
6	순종자	안전하고 확실한 길로 가려는 욕구가 강하다. 안전, 순서, 확실, 허락을 받으려 하는 것, 보호받으려고 하는 것, 또한 반항적으로 보이는 것 보다는 충실하게 보이고 싶어 하는 것의 여섯 가지 동기에 의해 행동한다.	다른 사람들의 승인을 받으려는 것을 없애라. 잘 알지 못하는 것에 대한 두려움도 버려라. 당신은 하나님의 신실하심과 변함없으심을 믿을 수 있다. 엄격하고, 비판적이고, 방어적이고, 지배적인 것을 조심하라. 예수님, 그리고 당신 주변 사람들과의 관계를 친밀하고 따뜻한 것으로 발전시켜라.

9가지 유형		특징	개선 방법
7	모험가	이 유형의 사람들은 인생을 즐기려는 마음이 강하다. 행복하고 즐거운 인생을 보내고 싶어 하고, 세계에 공헌하는 것을 원한다. 자신들로부터 열정, 이상주의, 낙관주의, 기쁨이 퍼지기를 원하고, 고통이나 어려움은 피하고 싶어한다.	고통, 손해, 어려움을 피하려는 것을 없애라. 예수님과 함께 영적 여정의 필수적인 부분을 포용하라. 삶이 아름다운 만큼 힘들 수 있다는 것을 받아드려라. 그리고 기쁨이 종종 슬픔에 의해 깨어질 수 있다는 것을 받아들여라. 다음 말씀을 기억하라. "범사에 기한이 있고 천하만사가 다 때가 있나니… 울 때가 있고 웃을 때가 있으며 슬퍼할 때가 있고 춤출 때가 있으며"(전도서 3장 1절, 4절)
8	주장자	대항하려는 욕구가 강하다. 다음의 여덟 가지 동기에 의해 행동한다. 무엇인가에 대항하려는 것, 정의와 진리를 위해 일어서려는 것, 어떤 시점에서 충돌이나 갈등을 갈망하는 것, 또는 이것들을 만들고자 하는 것, 스스로를 의지하는 것, 강한 것, 세계에 영향을 주기를 원하는 것, 약해 보이는 것을 피하려는 것이 그것이다.	자기를 의지하는 것을 없애라. 자신의 힘과 능력을 보이려는 욕구를 버려라. 나약함과 부족함을 포용하라. 특별히 당신의 부드럽고 포근한 것을 포용하라. 신중하게 일하고, 다른 사람들도 접근할 수 있게 일하라. 사랑스러운 관계가 논쟁이나 토론에서 승리하는 것보다 더 중요하다는 것을 기억하라.

9가지 유형	특징	개선 방법
9 평화주의자	충돌을 피하려는 욕구가 강하다. 이들은 평화를 유지하고, 갈등은 없애기를 좋아한다. 어떤 특별한 존재가 되는 것보다는 뒤에 물러나 있기를 원한다. 이들은 느긋한 성격이다. 또한 이들은 자신들에게 시선이 집중되지 않도록 한다.	다른 사람들을 달래주려는 욕구를 없애라. 기억하라! 예수님은 잘못된 평화를 중단시키시고, 진실한 평화를 주셨다. 당신의 의견과 느낌을 표현하라. 당신이 가진 재능과 은사는 선물로 주신 너무 소중한 것이다. 근원이시고, 피난처이신 예수님 때문에, 당신은 강하고, 단호하게 행동할 수 있다.

애니어그램은 깊게 뿌리내린 죄나 잘못된 태도를 규명하는 것을 도와준다. 그리고 우리의 재능이나 은사를 이해시켜주고, 죄의 경향을 이해하는데 도움을 준다. 이런 이해는 가족 상황이나 개인적 환경에 의해 발전된 방어적 기제를 알게 해 준다. 가장 중요한 것은 애니어그램이 하나님, 다른 사람, 우리 자신들로부터 독립된 우리의 개인적 성향을 밝혀준다는 것이다. 또한 애니어그램은 잘못된 자아를 보호하려는 것에서부터, 우리의 진실한 자아를 식별할 수 있도록 해 주는 방법이다.

15분에서 30분 정도 기도하는 마음으로 위의 차트를 다시 읽어보라. 당신에게 가장 잘 적용되는 것은 몇 번의 유형인가? 당신을 잘 아는 누군가와 앉아 다음 주까지 이것에 대해 이야기하고 나누라.

그리고 피드백을 받아라. 다른 사람들은 어떤지를 생각하려고 노력하지 말라. 그것은 각 사람들의 몫이다. 애니어그램에 대한 더 자세한 내용이나 자료를 알고 싶을 것이다. 다양한 방법들을 통해 더 풍부하게 탐구하라.

당신이 만든, 또는 사람들에 의해 만들어진 '좋은' 크리스천의 모습에 자신을 맞추기 위해, 당신의 잘못된 것들을 없애는 것을 중단할 때, 당신의 마음, 이야기, 개인의 여정이 시작될 것이다. 예수님 안에서 진짜 자신이 되어 살게 된다. 이런 과정을 통해, 우리는 나쁜 것이라고 여겨왔던 것을 포함한 우리 감정의 모든 영역을 인식하고 알 수 있다. 또한 우리의 인간성을, 그리고 우리가 무시하거나 억누르고 있었던 특정한 감정들을 깨닫고, 그것들을 더 잘 조절할 수 있게 된다. 이것은 화나고, 슬프고, 두려움에 관해 이야기하는 다음 장으로 우리를 안내한다.

4장

분노, 슬픔,
두려움을
부정하는 것을
중단하라

**금지된 감정들
상처받은 사람들**

✚

**정서적
문맹**

✚

분노

✚

슬픔

✚

두려움

✚

**분노, 슬픔 그리고 두려움을 다루는 것을
도와줄 세 가지 지침들**

7월 4일 매우 더운 주말, 새생명교회를 세운지 얼마 되지 않았을 무렵이었다.

"게리, 날씨가 정말 화창하지 않아? 공원에 사람들이 아주 많이 나와 있겠어. 이런 기회를 놓치면 안 돼."

나는 이어 무슨 일이 일어날지 알고 있었다.

"음, 교회에서 사람들을 좀 데려와야겠어. 내 생각엔, 사람들에게 우리 교회에 대해 알릴 좋은 기회인거 같아."

피트는 흥분한 채 내게 말했다. 그러나 내 생각을 묻는 것은 아니었다.

"그럼 마리아와 크리스티를 같이 데리고 가야겠죠?"

어린 두 딸만이 있을 때였다. 제안하긴 했지만, 그럴 수 없다는 것을 이미 잘 알고 있었다. 낮잠 자는 시간이 다른 어린 두 딸을 데리고 나간다면, 피트는 계획한 일에 집중할 수 없을 것이다. 나의 딜레마는 분명했다. 피트와 함께 공원에 간다면 나는 그 대가를 지불해야 한다. 내가 집에 남는다고 해도, 그것 역시 대가를 치러야 할 일이었다.

피트는 침묵했고, 난 그가 기다리고 있는 대답을 했다.

"아니에요. 그렇게 하긴 어려울 것 같아요. 우리는 집에 남아서 오늘 뭘 할 건지 생각해 볼게요. 다녀오세요."

"좋아."

그는 아무 망설임 없이 대답했다. 피트에게 그날은 또 다른 근무일이었다.

나에게 있어 7월 4일은 가족을 위한 특별한 날이었다. 해변, 즐거움, 바비큐 파티가 있는, 근무일이 아니라 휴일이었다. 그러나 피트에겐 근무일이었다. 일할 필요가 없는 날이었지만, 피트는 일하는 것을 선택했고, 나는 동의했다.

나는 뒤뜰이 없는 이층집에, 낮잠을 자는 두 딸과 함께 갇혀 있었다.

'모두가 휴일을 즐기는 날, 나는 답답한 집에 외롭게 있구나.'

옆집에서 바비큐 파티를 하는지 유난히 더 먹음직스런 냄새가 우리 집 주변에 넘실거릴 무렵, 그와 비슷한 무게의 슬픔이 나를 에워쌌다. 그때 해변에서 수영하며 맛있는 바비큐 요리를 즐기고 있을 나의 가족들이 생각났다. 나는 집으로 전화했다.

"아버지, 잘 계시죠? 바닷가의 파도는 어때요?"

"오, 정말 아름다운 물결이었단다. 모두 아직 해변에 있단다. 너희도 함께 있었으면 좋았을 거다."

"저는 아이들이랑 집에 있어요. 피트는 근무 중이에요. 공원에서 우리 교회 전도지를 나눠주고 있어요."

슬픔을 떨쳐버리려고 노력했다. 상처받은 마음은 무시해버렸고, 분노는 억눌렀다.

분노와 슬픔은 좋은 크리스천, 더욱이 목사의 아내에게는 용납될 수 없는 감정이었다. 피트가 집에 돌아왔을 때, 공원에서의 일이 어땠는지를 물었지만, 관심이 있어서는 아니었다.

이렇게 아무런 일도 없었던 것처럼 그날이 지나갔다.

금지된 감정들
상처받은 사람들

7월 4일, 그날은 내가 나의 인간적인 부분을 부정했던 많은 날과 시간들 중 하나였다. 나는 이런 인간적인 감정들은 나쁜 것이며, 이런 감정을 갖는다면, 이런 감정들이 나를 나쁘게 만들 것이라고 믿었다.

내가 무엇을 하는지 조차 모른 채, 스스로에게 말하곤 했다.

"이런 감정들을 인정하면 안 돼. 이것들은 진짜가 아니야. 무시

해버리면 다 사라질 거야."

내가 가진 열정과 감격을 공개적으로 표현하는 것은 참 쉬운 일이었다. 그러나 분노, 두려움, 슬픔은 다루기 어려운 것이었고, 이런 감정을 지니고 있다는 것에 대한 수치심과 죄책감이 나를 괴롭혔다.

> 우리가 어떤 감정을 표현하고, 반응하는 방식은 우리가 자란 가정 속에서 그 감정을 어떻게 다루었는가와 직접적으로 연관되어 있다.

우리가 어떤 감정을 표현하고, 반응하는 방식은 우리가 자란 가정 속에서 그 감정을 어떻게 다루었는가와 직접적으로 연관되어 있다.

만일 당신의 부모나 보호자가 그들의 생각이나 감정을 제한해 왔다면, 자연스럽게 당신도 당신의 감정이나 바람들을 제한한다. 자신들의 감정을 표현하는 것을 엄격히 통제받은 아이들은 어떤 감정을 느낄 때, 그것을 표현하기 보다는 먼저, 왜 이런 감정들이 생기는지에 대해 생각한다. "착한 아이는 교회에서 항상 웃는단다.", "사랑스런 사람은 설명되지 않는 우울증으로 힘들어하거나 긴장하지 않는단다." 는 암묵적인 규칙들이 사람들과의 관계에서 진정성과 자발성을 억압하는 장애물을 만들어낸다.

불행하게도, 많은 교회 문화들이 혼란스러운 방법으로 감정을 다루는 생활방식을 요구함으로서 사람들이 고통스러운 상태에 머물러 있는 것을 방관하고 있다. 이런 잘못된 접근이 계속되고 있기 때문에, 오늘날 내가 만난 대부분의 크리스천들은 자신의 감정을 정리하는 것을 어려워하고, 그런 시도조차 하지 않는다. 그리고 이런 감정들을 영적이지 않은 것으로 느끼고 있다.

내가 크리스천이 되었을 때 받았던 성경교육도 기쁨은 강조하고, 장애는 극복하고, 그리스도 안에서 강해지는 것을 받아들이라는 것이었다. 분노와 슬픔은 심판받아야 할 것이고, 감정적 문제로 인해 '씨름하는' 사람들이 있다면, 그들을 위해 기도해 주어야 한다고 배웠다. 또한 나는 강한 분노와 슬픔을 느끼더라도, 더욱 크게 기뻐해야 한다고 배웠다. 성경은 두려워하지 말라는 말로 가득 차 있기 때문에, 나는 두려움을 나누거나 공유해 본적이 없었다. 이러한 감정들은 실제적으로 죄와 동의어로 여겨졌다. 우리들은 이 감정들을 억누르거나 무시함으로서 그것들이 다소 사라졌을 것이라고 상상하거나 희망한다.

이런 피상적이고 온전하지 못한 성경의 인간관에 대한 이해는 나를 거의 파괴했다. 적어도 이것은 나의 영적인 성장을 방해하고, 사람들을 사랑할 능력을 위축시켰다. 이러한 비극적인 견해는 진정한 크리스천 공동체가 발전할 수 있는 가능성 역시 침식시켜버렸다. 우리는 분리의 벽을 만들고, 서로를 진정으로 볼 기회를 포기했다. 우리는 상처받을 것을 두려워하며 우리 내면의 소리에 대해 무시하고, 서로 거짓말을 한다. 사람들의 '겉모양'은 더 활발하고 생기 있게 되었다. 그러나 대신에 우리는 무의식적으로 사람들의 감정을 제한하며, 하나님께서 주신 모든 인간성을 경험하지 못하도록 하는 종교적인 하위문화를 만들었다. 세상이 타인을 향한 우리의 사랑을 통해서 예수님을 알게 될 것이라는 견해를(요한복음 13:34-35) 조롱했다. 우리가 진정으로 우리 자신과 다른 사람들을 알지 못하고 이해하지 못하는데, 어떻게 세상이 우리를 알 수 있겠는가?

정서적 문맹

조안은 파트타임 일을 하고 있고, 12살과 14살인 두 남자 아이들을 기르고 있다. 또한 교회 안 어머니들을 위한 모임의 리더이다. 그녀의 남편은 지적으로 뛰어난 토목기사로 자신의 논리적 사고능력을 자랑스러워한다. 다른 사람들은 완벽한 결혼 생활을 한다며 이들을 부러워했지만, 사실 조안은 매우 외로운 결혼생활을 하고 있다. 점점 힘들어졌지만, 조안은 이것을 인정하는 것을 두려워했다. 그의 남편도 조안이 결혼생활에 대해 부정적 생각을 가지고 있다는 것을 알고 있었지만, 감정적 접근보다는 이성적으로 해석할 뿐이었다. 그리고 직장과 아들의 축구팀을 지도하는데 몰두했다. 다른 사람이 볼 수 없는 닫힌 문 안에서 그들의 결혼생활은 말 그대로 냉전 중이었다.

이 둘은 자신의 정서적 부분을 읽어내지 못하는, 바로 정서적 문맹인 것이다. 어떤 특정한 감정들과 거리를 두도록 일찍부터 훈련을 받아온 사람들에게 나타나는 일반적인 현상이다. 그렇게 교육받은 감정이 상처, 연약함, 부족함 등이었다면 더욱 그러하다.

조안은 자신의 감정적 불편함은 무시하거나 인식하지도 못한 채, 예수님을 위해 가족과 이웃을 돌보는 헌신적인 크리스천이 되기 위해 노력해 왔다. 그러나 그녀의 분노와 슬픔은 없어지지 않고, 약한 우울증이나 빈정거림, 또는 비판적 생각이 되어 흘러 나왔다. 조안은 교회와 가정 일에 정신없이 바쁜 상태를 유지했다. 그녀의 남편 샘 역시, 집의 모든 것이 안정적으로 유지되는 한, 조안과의 긴장관계에 대해 고심할 필요를 느끼지 않았다. 조안과 샘이 자신들의 기만을 버리고, 자신들의 상태를 인정하기 위해서 필요한 것은 무엇인가? 무엇이 그들의 두려움을 잠재우고 정직함으로 나아가도록 용기를 북돋아 줄 수 있을까? 여러 가지 방법이 있겠지만, 한 가지 분명한 것은 조안이 자신의 분노, 슬픔 그리고 상처를 부인하는 것을 중단해야만 한다는 것이다. 그녀 자신은 물론이고, 결혼생활과 가족의 미래를 위해서도 정직은 반드시 필요한 것이다.

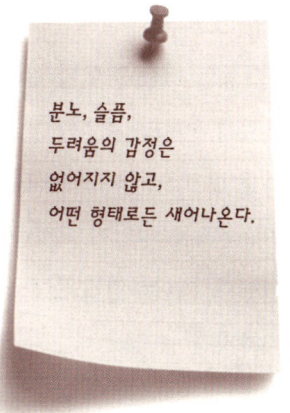

분노, 슬픔, 두려움의 감정은 없어지지 않고, 어떤 형태로든 새어나온다.

조안과 당신은 수면 아래 숨겨진 감정들을 어떻게 살펴볼 수 있을까? 만일 당신이 정말로 분노, 슬픔 그리고 두려움에 사로잡혀 있다면 어떤 일이 일어날까? 그리고 이것이 당신과 그리스도 그리고 당신 주위의 사람들과의 관계에 미칠 영향은 무엇일까?

확실히 한 가지는 위장된 영성은 끝까지 살아남지 못한다는 것이다. 분노, 슬픔, 두려움의 감정은 없어지지 않고, 어떤 형태로든 새어나온다. 분노, 슬픔 그리고 두려움의 감정들은 다른 사람들이 느끼는 것과 다를 수도, 또는 금지된 감정일 수도 있다. 그러나 우리는 이것들을 포함한 우리의 모든 감정들을 인정해야만 한다. 그런 후에 예수님과 더 강력하고 깊은 관계를 맺을 수 있다.

분노

그동안 나는 분노에 대해 잘 알지 못한 채, 내 삶의 대부분을 살아왔다. 어렸을 때 다른 사람들에게 가끔 화를 내곤 했다. 부모님께 화를 내고, 불평하고, 하던 일을 중단해 버리기도 했다. 그러나 크리스천으로 성인이 되었을 때, 나는 그런 분노를 억누르기 위해 노력했다. 왜냐하면 모든 분노는 나쁜 것이라고 믿었기 때문이다.

하지만,

- ▶ 나는 피트에게 분노했었다.
- ▶ 나는 우리 교회 사람들에게 분노했었다.

- ▶ 나는 나의 이웃들에게 분노했었다.
- ▶ 나는 나의 어려운 환경들에 분노했었다.
- ▶ 나는 아이들에게 분노했었다.
- ▶ 나는 나를 둘러싼 빈곤과 필요에 분노했었다.
- ▶ 나는 힘든 생활로 인해 하나님께 분노했었다.
- ▶ 나는 나 자신에게 분노했었다.
- ▶ 나는 뉴욕시가 발행한 주차위반 딱지에, 토요일 이른 아침 단잠을 깨우는 청소차량 소리에, 그리고 단독주택을 다세대주택 건물로 바꾸기 위해 이웃을 함부로 철거하는 도시건축과에 분노했었다.

수년 동안, 피트와 나는 우리의 힘든 상황에 갇힌 상태에서 벗어나기 위해 발버둥 쳤다. 만족스럽지 못한 결혼생활, 어려운 환경, 영적으로도 우리는 난관에 봉착해 있었다. 우리를 여기까지 오도록 했던 처음의 믿음은 더 이상 효과가 없었다.

우리는 유능한 크리스천 상담가를 찾아가기로 했다. 그리고 우리의 절망스럽고, 혼란스러운 영혼의 상태를 모두 쏟아냈다. 두 시간이 다 되어갈 무렵, 상담가는 나를 향해 조용히 말했다.

"게리, 두려움이 정말 많이 있군요."

난 믿을 수 없었다. 피트도 마찬가지였다.

"게리가 말인가요? 그렇지 않을 거예요."

피트가 나를 옹호했다.

"사실"

결국 나는 대답했다.

"모르겠어요."

나는 내게 두려움이 많다는 상담가의 말을 이해하고 공감하기 전까지 약 2년 동안 내 안에 있는 두려움이나 분노를 인식하지 못했었다. 인식했어도 그것을 인정하지 않음으로 분노가 없다고 생각했고, 그래 보였다. 그러나 상담가는 빈정대는 말투나 몸짓, 내 목소리 톤 등을 통해 숨어있는 분노를 쉽게 관찰할 수 있었을 것이다.

그리스도를 따르는 대부분의 다른 사람들처럼, 나 역시 분노는 옳은 것이 아니라고 믿었다. 이런 감정을 부정하자 삶이 무기력해졌다. 분노는 소멸되기 보다는 자신을 나타낼 다른 통로를 찾기 시작했다. 나는 불평했고 비난했고, 그리고 비판했다. 나는 그렇게 자신을 방어했다. 당신은 분노를 어떻게 조절하는가? 당신의 가족들에게 분노를 어떻게 표현했는가? 어떤 단어와 말들로 분노를 나타냈는가? 당신의 부모는 어떠했는가? 당신의 부모가 분노했을 때, 어떤 일이 일어났는가? 당신은 당신이 자란 가정에서 누군가 분노를 표출했을 때 그것에 대해서 어떤 행동을 하고, 어떤 결정을 하였는가? 분노하는 사람들 곁에 있게 될 때, 당신의 몸은 어떤 반응을 보이는가?

나는 분노가 우리 자신의 존재를 주장하는 방법이자, 다른 사람을 섬기는 좋은 방법이 될 수 있다는 것을 알지 못했었다. 나는 하나님

앞에서 분노에 적합한 반응과 처리를 해야 할 책임이 있다는 것을 깨닫지 못했었다. 내가 '좋은' 크리스천은 분노하지 않는다는 거짓말을 중단했을 때, 내 삶이 변화하기 시작했다.

> '좋은' 크리스천은 분노하지 않는다는 거짓말을 중단했을 때, 내 삶이 변화하기 시작했다.

언제 분노해야 할지 모르는 사람들에게 당신의 몸을 주의 깊게 관찰하라고 당부하고 싶다. 당신의 몸은 뇌보다 앞서 상황에 대한 반응을 보인다. 심장 박동이 빨라지고, 맥박이 올라가며, 또는 목, 위장, 어깨 그리고 허리가 굳어가는 것을 발견할지도 모른다. 아니면 식욕을 잃거나, 매사가 귀찮아지거나, 두통이 생기거나, 불면증을 경험하게 될 수도 있다.

분노는 모든 크리스천들에게 결정적이고 주된 제자도의 문제이다. 분노는 다양한 요청에 답하는 것을 멈추고, 내부의 엔진에 집중하기를 요구하시는 하나님께서 우리에게 주신 신호이며, 인생 계기판의 경고등이기도 하다. 그리고 분노는 당신이 믿든 그렇지 않든 간에, 종종 멋진 선물을 가져오기도 한다. 분노를 통해서, 하나님께서는 우리에게 진정으로 필요한 것이 무엇인지를 발견하도록 도우시며, 우리가 훨씬 더 깊이 감정에 집중하도록 인도하시고, 우리로 하여금 충족되지 않은 기대를 명확하게 하도록 도우시며, 때로는 우리 죄의 어리석음을 발견하도록 인도하신다.

✚ 가치를 발견하게 해 주는 도구, 분노

내 삶에 대한 나의 분노를 나는 어찌해야 하는 것인지 알지 못했다. 그러나 이 분노는 내가 원하는, 그리고 원하지 않는 결혼생활, 가정생활 그리고 사역이 무엇인지를 분명하게 알게 해 주는 일종의 자극제였다.

분노는 우리의 한계가 어디까지인지를 알 수 있도록 도와준다. 그리고 그 한계에 직면 할 때, 우리가 스스로에게 질문하도록 강제한다. "내 가치의 어떤 부분이 침해받고 있는가?" 피트가 나와의 감정적 교류는 하지 않는 채 일에만 몰두한다면, 이것은 행복한 결혼생활을 위해 내가 우선적으로 여겼던 시간과 에너지를 침해하는 것이다. 내 딸들 중 한 명이 다른 사람에게 "그건 바보 같은 말이야"라고 말했다면, 서로의 생각과 감정을 존중하는 가족에 대한 나의 가치가 침해받은 것이다.

존중받지 못할 때, 관계 유지를 위해 너무 많은 것을 양보할 때, 우리가 원한 것 이상을 해야 한다는 압박을 받을 때, 실제로는 아니라고 말하고 싶은데 그렇다고 말할 때, 우리 가치 혹은 신념은 침해받는다. 멈춰서 생각을 할 때이다.

✚ 깊은 감정을 나타내는 표시, 분노

분노는 '부수적인 감정'이라고 언급되어지곤 한다. 분노는 상처, 슬픔, 두려움, 실망 그리고 수치와 같은 다른 감정들과 공존한다.

이런 이유로 인해, 성숙하게 분노를 다루기 위해서는 반드시 더 깊고, 더 연약한 감정을 찾아내야 한다.

당신이 분노할 때, 자신에게 "난 무엇을 두려워하는가?", "상처받은 것인가?", "슬픈 것인가?", "실망한 것인가?" 분노 뒤에서 무슨 일이 일어나고 있는 것인지를 반드시 물어야 한다.

어떤 사람이 나를 비판하면, 나는 분노하게 된다. 그리고 본능적으로 방어하고자 노력한다. 분노 뒤에 감춰진 나의 진정한 감정이 무엇인지를 돌이켜 생각해 보고서야, 그것은 나의 부족함에 대한 두려움임을 알게 되었다. 피트는 최근에 조카 결혼식에 초대받지 못했다는 사실을 알고 분노했었다. 조카는 물론 친동생도 그를 부르지 않았던 것이다. 그러나 그의 분노의 진짜 모습은 자신의 가족과 친밀함이 없다는 것에 대한 깊은 슬픔이었다.

자신의 생일을 잊어먹은 친구에게 분노할 수 있다. 그러나 분노 아래 실제로 존재하는 것은 상처이다. 분노를 표현하는 대부분의 사람들은 그렇지 않는 사람보다 상처를 덜 받는다. 분노를 표출하지 않으면 보다 깊은 상처를 받는다. 교회가 30대 이상의 싱글들을 위한 사교모임을 제공하지 않는 것에 대해 어떤 사람이 분노했다. 그러나 이 사람의 분노는 사실 지독한 외로움에 대한 공포를 덮어주고 있는 가림막이다.

✚ 충족되지 않는 기대를 인식하게 해주는 신호, 분노

분노를 표출한 다음, 자신에게 물으라. "난 무얼 기대한 것일까?" 가족, 직장, 학교, 친구, 연인 또는 교회의 관계들 가운데 충족되지 못한 기대나 자신도 잘 인식하지 못했던 불분명한 기대들이 분노의 원인이 된다.

> 우리는
> '무의식적'으로
> '비현실적'으로
> '암묵적'으로
> 그리고
> '합의된 바 없는'
> 기대치를 가지고 있다.

우리는 우리가 말하기 전에, 심지어 우리 스스로의 생각이 정리되지 않았을 때조차, 우리가 무엇을 원하는지를 다른 사람이 알아주길 원한다. 어떤 대화도 하지 않은 사람이 당신의 기대를 충족시켜주지 못했다. 이때 당신이 분노했다면, 분노에 숨어 있는 당신의 진짜 감정이 무엇인지 생각해 보라. 당신이 그러하듯 다른 사람들도, 당신이 그들의 기대를 알아야만 한다고 생각한다. 여기에 문제가 있다. 우리는 '무의식적'으로(우리는 심지어 그것을 알지도, 인식도 못하고 있다.), '비현실적'으로 (우리는 환상을 가지고 있다.), '암묵적'으로(우리는 그것들을 머릿속에 가지고 있다.), 그리고 '합의된 바 없는'(다른 사람들은 전혀 그렇다고 말한 적이 없다.) 기대치를 가지고 있다.

예를 들면, 당신은 당신이 참석하는 소그룹에 분노할 수 있다. 정기모임 이외의 친교모임이 없다는 것 때문이었다. 당신은 친교모임을 원하고, 그런 모임에 대한 기대치를 가지고 있었지만, 이것에 대해 소그룹 리더와 한 번도 이야기를 나눈 적이 없다.

당신은 당신의 배우자가 직장에서 매일 당신에게 전화하지 않은 것에 대해 분노할지도 모른다. 당신은 배우자가 당신에게 전화하는 것을 알고 있어야만 한다고 믿는다. 하지만, 당신은 그것을 단 한 번도 요구해 본적이 없다.

당신은 당신의 기대치에 대해 사람들과 대화하거나 합의한 바가 없다. 따라서 당신은 그렇게 많은 기대치를 가질 권리가 없다는 것을 이해할 수 있을 것이다. 이럴 때 당신은 훨씬 적게 분노하게 된다.

✚ 죄일 수도 있는 분노

분노는 옹졸함, 교만, 증오, 시기 혹은 남에게 상처를 주려는 욕구를 보여주기도 한다. 당신이 하는 냉소적이고 비꼬는 말들을 주목해 보라. 당신이 누군가를 회피하고 있는지 생각해 보라. 당신은 직장에서 다른 사람의 승진에 질투를 느낄 수도 있다. 당신의 분노는 당신의 불안한 심리상태의 결과일지도 모른다. 당신이 무언가에 분노하고 그것과 아무 상관없는 다른 누군가에게 그것을 떠넘긴다면 그것은 죄이다.

분노는 매우 복잡한 감정이기 때문에, 어떤 행동을 취하기 전, 그것을 잘 처리하기 위해서 다음의 질문을 하는 것이 도움이 될 것이다.

4장 분노, 슬픔, 두려움을 부정하는 것을 중단하라

- "내가 책임져야 할 잘못인데 다른 사람을 비난하는 것은 아닌가?"
- "나의 분노는 정당한가? 아니면 내 안에 있는 죄악에 의한 것인가?"
- "나의 분노로 인해 상처를 받은, 내가 용서를 구해야 할 사람이 있는가?"

아리스토텔레스는 "누구나 분노할 수 있다. 그것은 쉽다.…… 그러나 적당한 사람에게, 적당한 정도로, 적당한 시기에, 적당한 이유에 의해 그리고 적당한 방법으로…… 이것은 쉬운 것이 아니다."라고 말했다.[1]

분노를 하는 것은 쉽지만 그것에 대한 책임을 지는 것은 쉽지 않다. 분노를 인정하고 적절하게 그것을 처리하는 것, 타인에게 떠넘기지 않는 것은 매우 높은 영적, 감정적 성숙의 단계에서 가능하다. 두려움과 슬픔에 대해서 이어 살펴볼 것이다. 그 후에 본 장의 끝에서 하나님과 그리고 그분의 뜻에 우리가 집중할 수 있도록 도와주는 일, 곧 감정을 다루는 것에 대한 3가지 간단한 안내에 대해 생각해 보도록 할 것이다.

슬픔

만일 감정이 하나님께로부터 온 선생님이라면, 슬픔 주위에 있는 고독, 상처, 낙심, 불안, 우울함, 이것들이 모든 감정들 가운데 가장 위대한 선생님일 것이라고 생각한다. 이 감정들이 내게 하나님과 나에 대해 숨겨져 있던 진리를 발견하게 해 주었기 때문이다. 그 결과 나는 이 감정들의 열성적인 학생이 되었다.

슬픔과 나와의 관계는 분노와의 관계만큼이나 비인간적이고 비성경적이었다. 슬픈 감정이 치밀어 오르면, 나는 재빨리 그것을 덮어버리고 하던 일을 계속했다. 나는 타락한 세상의 삶에서 오는 고통을 부정했다. 슬픔은 비윤리적인 것이었다. 나는 나에게 오직 인생의 행복한 부분만을 느끼도록 허용했다. 그렇게 함으로써, 나는 '반쪽짜리' 인간이 되었다. 또한 세상 모든 사람들이 느끼는 부서짐의 감정을 인식하는 것으로부터 나를 지켜주었다.

문제는 내게 슬픈 일이 많았다는 점에 있었다. 지난 8년 동안 피트가 있었음에도 마치 혼자 아이를 키우는 한부모처럼 아이들을 돌보고 가정일을 했다. 내가 부정해야 할 슬픔이 매우 많았다. 우리 아이들은 자전거를 타기에 적합하지 않은 다소 위험한 지역에서 자랐다. 아이들은 먼 거리를 통학해야 했고, 거리가 먼 친구들을 사귀었다. 피트와 내가 새생명교회의 공동체들을 지도했던 23년 동안, 많은 사람들이 떠났다. 사람들은 변했고 우리도 변했다. 관계가 변한 것이다.

나는 내 영성의 형성과 성장을 위한 암묵적인 규칙을 만들었다. "슬퍼지는 것은 약해진다는 뜻이다. 그리고 약해진다는 것은 나쁜 것이다." 나는 성경구절 "여호와를 기뻐하는 것이 너희의 힘이니라"(느헤미야 8:10)와 "내게 능력주시는 자 안에서 내가 모든 것을 할 수 있느니라"(빌립보서 4:13)를 사랑했다. 나에게 이 말씀들은 "네 상황과 상관없이 언제나 행복할 수 있는 충분한 믿음을 갖고 있다는 것을 너는 알고 있단다."라는 뜻으로 들렸다.

그런 믿음으로 살았다고 생각했기에 결혼생활 5년 후, 우울증으로 처진 어깨를 힘겹게 들며 침대에서 몸을 일으키는 내 모습을 발견했을 때, 나는 큰 충격을 받았다. 슬픔에서 벗어나려고 애를 썼지만, 벗어날 수 없었다.

"부러진 다리도, 아니 다른 그 어떤 병도 이것보단 더 쉽게 고칠 수 있을 거예요."

나는 불평을 터뜨렸다.

내 부서진 영혼을 고칠 수 없었다. 피트는 기도했다. 교회의 온 리더들도 기도했다. 그러나 나는 여전히 우울한 상태로 남아있었.

나의 우울증은 내면의 고통에 집중하라는 신호였지만, 나의 잘못된 신학이 그것을 방해했다. 엄청난 노력과 함께 나는 우울증을 떨쳐버렸다. 그리고 곧바로 다시 무자비한 스케줄과 나의 감정적 상태의 진리를 부인하는 예전의 삶으로 돌아왔다.

다음 해에 우울증이 재발했을 때에도, 대수롭지 않게 취급했다.

"우울증은 가족들과 함께 계속될 거야.", "내 남은 일생동안, 우울증과 같은 육신의 가시와 싸워야만 할 거야."라고 확신했다. 슬픔은 나를 가로막고 있는 장애물일 뿐이라고 잘못된 생각을 했던 것이다. 이러한 생각이 결국 하나님께서 의도하신 강한 크리스천으로서 사는 것을 방해했다. 끊임없는 슬픔 때문에 괴로웠다. 이겨낼 수 없는 나의 약함이 억울하게 여겨졌다.

✢ 하나님 그리고 우리의 상실감

우리는 우리의 상실감을 우리의 '정상적인' 삶을 방해하는 외부의 침입자로 여기는 경향이 있다. 그러나 상실감은 우리 삶의 자연스러운 일부이다. 우리가 사랑하는 사람들은 언젠가 죽는다. 관계는 단절된다. 문은 닫힌다. 꿈은 꺾인다. 우리는 변화한다. 교회 혹은 공동체를 떠난다. 남용은 우리의 순수함을 빼앗아 간다. 목표는 성취하되, 그것을 위해 노력했던 과정들과는 작별을 고한다. 늙게 되고, 건강을 잃게 된다. 우리의 자녀들은 성장한다. 우리 삶의 과정 너머에, 모든 것을 뒤에 남겨놓게 될 것이다.

우리는 슬픔 또는 실망감을 어떻게 말해야 하는지 잘 알지 못한다. 그래서 우리는 우리의 고통을 줄일 수 있는 방법들을 분주하게 찾는다. 쇼핑, 직장, 텔레비전 시청, 폭식, 마약 또는 술, 판타지 소설이나 성인잡지, 이메일 개인 홈페이지 등으로 탈출을 시도한다.

슬픔에 대해 많은 교회가 가진 암묵적인 규칙은 이것이다. "만일 당신이 우울하거나 슬픔을 느낀다면 그것은 당신이 영적이지 않다는 뜻이다." 그래서 사람들은 모든 것이 잘되는 척한다. 영적인 크리스천들은 상처를 받거나 혼란스럽거나 좌절하지 않는다는 말씀을 쉽게 들을 수 있을 것이다.

그러나 성경은 인간이 슬픔과 비통함을 경험하고 표현한다는 것을 잘 보여주고 있다. 우리의 주인이시며 구원자이신 예수님도 슬픔이나 고통과 친숙한 분이셨다(이사야 53:3). 그는 심한 통곡과 눈물의 기도를 하셨다(히브리서 5:8). 우리는 성경을 통해 겟세마네 동산에서 아버지의 뜻과 씨름하셨던 주님을 잘 알고 있다. 성경은 "힘쓰고 애써 더욱 간절히 기도하시니 땀이 땅에 떨어지는 핏방울 같이 되더라"고 주님의 모습을 묘사하고 있다(누가복음 22:44). 우리의 구원자이시며 하나님이신 예수님은, 그의 슬픔과 비통함을 부인하지 않으셨다.

하나님의 마음에 합한 자로 잘 알려져 있는 다윗이지만, 그의 시편의 3분의 2는 애가와 불만으로 가득 채워져 있다. 하나님의 사랑을 받았던 요셉은 그의 형제들 앞에서 소리 내어 우는 수치를 감추지 않았다. 예레미야는 적어도 여섯 차례, 하나님께 자신의 형편에 대해 불평했으며, 예루살렘의 파괴에 관해 하나님께 깊은 비통함을 표현하는 애가를 기록했다.

성경은 우리의 슬픔을 표현하는 것 그 이상으로 여겼다. 성경은 비통한 상실감을 영적 성장의 핵심으로 간주한다. 슬픔과 상실감은 영적인 삶이라는 융단을 꼬는 실이 된다. 영적인 삶을 형성하는 데 슬픔과 상실감은 중요한 가닥이 된다. 우리는 돌아가신 부모님, 단절된 관계들, 불충분한 교육, 부족한 구직의 기회, 이혼, 죽음, 장애, 순종하지 않는 아이들, 만성적 건강장애, 자녀가 없는 것을 애통하게 여긴다. 이런 슬픔을 부인하는 것은 마치 팔 또는 다리가 없다고 여기는 것과 같다. 슬픔을 부인하는 것은 우리 삶의 결정적이고 필수적인 부분을 절단하는 것이다.

✚ 평화하기

나는 슬픔이 마치 전염병인 것처럼 그것을 두려워하곤 했다. 나 자신에게 슬픔을 경험하도록 허락한 후, 슬픔에 대한 두려움이 사라졌다. 나는 더 이상 슬픔을 나쁘다거나, 피해야할 무언가로 여기지 않는다. 그것은 단지 삶의 일부일 뿐이다.

또한 나 자신의 슬픔을 경험함으로서, 타인의 슬픔을 더 공감할 수 있게 되었다. 이제 나는 이것이야 말로 내게 제공해야만 하는 가장 위대한 선물 중 하나라고 확신한다. 생각해 보라. 만일 당신이 고통을 느껴본 적이 없다면, 어떻게 타인의 고통을 함께 해 줄 수 있겠는가? 만일 당신이 위로를 경험한 적이 없다면, 어떻게 타인에게 그리스도의 위로를 제공할 수 있겠는가?

얼마나 많이 성경을 읽고, 선한 일을 하고, 교회를 다니고, 또는 하나님을 아는지는 아무런 상관이 없다. 만일 당신이 자신의 진정한 감정에 대해서 정직하지 않는다면, 당신은 하나님께서 함께 하시는 영적 성장을 방해하는 것이며, 관계를 제한하고 있는 것이다.

모든 감정들을 인정할 때, 우리는 우리가 진정으로 느끼고 누려야 하는 감정과 그렇지 못한 감정들 사이에서 생기는 불필요한 내부 충돌을 막을 수 있다. 우리가 모든 감정들을 인정할 때, 그것에서 자신과의 평화가 시작이 된다.

당신은 실망할 수 있다. 당신은 사람에 대한 상실감을 느낄 수 있다. 당신은 여러 슬픈 상황에 대해 슬퍼할 수 있는 존재이다. 하나님께서 이것을 허락하셨다. 몇 분 동안 잠시 모든 것을 멈춰보라. "여호와 앞에서 잠잠하라"(시편 37:7). 모든 생각과 감정들이 수면위로 떠오르게 해라. 그리고 다음의 질문들을 생각해 보라.

- "당신은 지금 왜 슬픈 것인가?"
- "과거부터 당신이 느낀 상실감은 무엇인가?"
- "어떤 좌절 또는 실망감들이 당신에게 영향을 주었는가?"
- "하나님께서 이것들을 통해서 말씀하시는 것은 무엇인가?"
- "하나님께서 당신을 어떻게 만들어 가시는가?"

하나씩 하나님과 나누어라.

두려움

"피트, 당신 아직 접시를 다 닦지 않았어요!"

나는 경박스럽게 지적했다.

"게리, 당신 말을 하기 전에, 목소리를 가다듬었소?"

피트가 부드럽게 말했다.

그가 옳았다. 나는 이내 잠잠해졌다.

몇 주 전부터, 피트는 날카롭고 거들먹거리는 내 말투에 문제가 있다고 말하기 시작했다.

"게리, 넌 너의 말투로 피트를 죽이고 있어. 그는 내 형상을 따라 만들어졌어. 그렇게 거들먹거린다면, 피트는 존경받을 수 없을 거야."

성령님께서 말씀하셨다.

내 실수를 인정하는 것이 두려웠다. 내면의 모습이 노출이 되는 것이 싫었다. 부족한 사람으로 취급받는 것은, 선하고 사랑스러운 사람으로서의 나의 이미지와 맞지 않다고 생각했다. 나를 평가하는 것은 나를 죽이는 것과 같다고 생각했다.

그날은 내가 두려움을 인정한 새로운 날이 되었고, 이것은 피트가 내게 준 선물이었다. 나는 매우 연약했고, 내 감정은 노출되었다. 그러나 내 속사람에게 부드럽게 말씀하시는 하나님의 음성을 들었다.

"게리, 너는 사랑스러운 사람이야. 나의 사랑 가운데 편히 쉬렴."

예수 그리스도의 위대한 복음은 복음서를 통해 예수님께서 우리를 그 어떤 추가 조건 없이 사랑하신다는 것을 분명하게 말씀하신다.

내 일생, 전체의 삶을 사는 동안 나를 붙들던 쇠사슬이 결국 부서졌다. 놀랍게도 나의 약함을 인정한 것이 나를 죽이거나 파괴하지 않았다. 대신에 엄청난 위안과 새로운 자유, 그리고 힘을 경험하게 했다.

두려움의 근원을 탐구하는 것은 중요한 영적 작업이다. 자신의 중요성, 가치, 그리고 사랑스러운 이미지에 대한 두려움은 하나님께서 우리에게 주시길 갈망하시는 사랑과 자유로 이동하기 위한 중요한 요소이다.

✚ 들이닥친 두려움

성경에서 가장 반복되는 명령은, 아마도 "두려워 말라"일 것이다. 따라서 두려움은 억눌러야 하고, 제거해야만 하는가? 대답은 그렇기도 하고, 아니기도 하다.

성경은 우리에게 두려움이 없다고 말하지 않는다. 사실, 성경은 우리에게 자신 마음의 상태를 알고, 우리의 두려움과 긴장의 근원을 자세히 확인하라고 명하신다. 두려움은 위협과 위험을 인식할 때 나타나는 자연스러운 반응이다. 심장이 빨라지고, 위장은 긴장하기 시작한다. 우리는 시험을 볼 때, 새로운 일을 시작할 때, 일을 잃었을 때, 또는 길가에서 차가 우리를 향해 갑자기 돌진할 때 두려움을 느낀다. 슬프게도 우리 중 대다수는 두려움을 인정하는 것은 죄를 짓는 것이고, 나약해지는 것이라고 느낀다. 그래서 우리는 두려움이 사라지길 희망하면서 그것을 인정하기를 회피한다. 그러나 그렇게 함으로써 우리는 두려움을 약해지게 하기보다는 오히려 더 강하게 만든다.

우리의 행동을 이끄는 것들을 인식해야 하는 것은 당연한 일이다. 건강하지 못한 두려움은 우리를 어수룩하게 하고, 즉흥적인 결정을 하게 하여 우리를 제한한다. 두려움은 우리가 자녀들을 양육하고, 우리의 관계를 형성하며, 직장을 선택하는 것, 그리고 자신의 재정을 다루는 방식 등 우리 삶의 많은 부분에 강력한 영향을 끼친다.

두려움에 여러 요소가 있겠지만, 30년간 두려움에 관해 연구한 연구가이며 심리학자인 마이클 야프코는 두려움을 크게 세 가지 범주로 구분했다.[2]

두려움의 첫 번째 범주는 '실수할 것에 대한 두려움'이다.

실수를 두려워하는 사람들은 자신과 타인을 실망시키는 것을 두려워하는 완벽주의자들일 경우가 많다. 그들은 실제건 상상이건 비판을 두려워한다. 이러한 두려움은 이들로 하여금 자신과 타인을 향해 비현실적인 기대를 하게 만든다.

두 번째 범주는 '거절에 대한 두려움'이다.

거절을 두려워하는 사람들은 다소 자신들이 부적합하게 보이는 것을 꺼려해서 새로운 소그룹에 참여하는 것, 사장 또는 목사와 대화를 시작하는 것, 혹은 질문을 하기 위해 손을 드는 것을 두려워한다. 그들의 생각이나 결정은, 다른 사람들의 판단에 많은 영향을 받는다.

세 번째 범주는 '편안함이 가져올 결과에 대한 두려움'이다.

그들은 편안하게 살면 다른 사람들이 자신들에게 상처를 줄 것이라는 두려움을 가지고 있다. 때문에 생활하는 경계하며 방어하는 자세를 유지한다. 그들은 자신의 방어막을 내려놓는데 어려움을 겪는다.

우리는 우리 안에 있는 두려움을 부인하지 말아야한다.

성경은 그들의 두려움을 부정하기 보다는 그것을 헤치고 나아갔던 사람들의 예들로 가득 차 있다.

에스더 | 유대인 출신 여왕이었던 에스더는 견고한 사회적 금기를 깨고 자신의 남편인 페르시아 왕에게 나아갔다. 목숨을 잃을 것에 대한 두려움을 헤치고 나아갔다.

모 세 | 80세였던, 모세는 자기 회의로 인한 두려움과, 애굽 왕 바로를 직면해야 하는 열등의식의 두려움을 헤치고 나아갔다.

요 셉 | 예수님의 육신의 아버지였던 요셉은 하나님께 순종하여 마리아와 결혼했다. 수치와 멸시에 대한 두려움을 헤치고 나아갔다.

성경 속에 있는 각각의 예들은 우리에게 용기는 두려움이 없는 상태가 아님을 가르친다. 용기란 두려움에도 불구하고, 생각하고 행동하는 것이다. 용기란 하나님께서 주신 큰 비전으로 인해 두려움을 넘어서는 능력을 말한다. 인정받지 못한 두려움은 우리를 제한하는 강력한 힘이 될 수 있

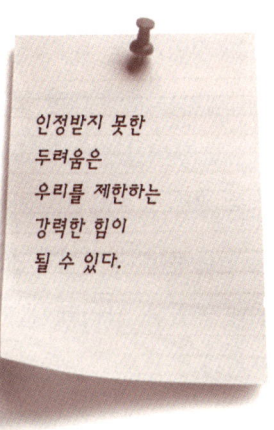

인정받지 못한 두려움은 우리를 제한하는 강력한 힘이 될 수 있다.

다. 만일 우리가 예수님을 믿는 믿음으로 두려움을 넘어서지 않는다면, 우리는 필연적으로 영적인 삶, 결혼생활 그리고 우리 미래 가운데 갇힌 상태로 남게 된다.

당신이 두려움을 헤치고 나아갈 때, 어떤 일이 일어날까? 실수할 수 있고, 완벽하지 않을 수 있다. 그러나 여전히 당신은 사랑받을 수 있다. 이 사실을 알았다면, 당신의 인생이 어떻게 달라질 것인지 상상해 보라. 당신의 행동이 타인에게 사랑받는 것에만 의존하지 않았다면, 어떻게 행동했을지 질문해 보라. 만일 당신이 실패할지라도 괜찮다는 것을 알았다면, 당신의 재능과 능력으로 하나님을 위해 무엇을 했을지 생각해 보라. 만일 당신이 우리는 하나님의 사랑 안에서 매우 안전함을 알고, 타인에게 인정을 받으려는 것으로부터 자유 했었다면, 당신은 어떤 삶을 살았겠는가? 당신 주위의 사람들에게 진리를 솔직하고, 자유롭게 말할 수 있다면 당신은 무엇

을 할 것인가?

약해지는 것에 대한 두려움을 인정했을 때, 나는 하나님의 사랑 안으로 들어갈 수 있었고, 두려움을 헤치고 나아갈 수 있었다. 나는 모든 것을 포용하시는 하나님의 사랑 대신에, 다른 사람들의 인정에 의존하여 내 가치와 소중함을 확인받았던 내 삶을 정직하게 드러내 놓았다. 그리고 내 마음의 움직임이 어떻게 변화하는지에 집중했다.

두려움은 인간이 되는 순간 찾아오며, 그 후 계속 함께 한다. 하나님 앞에서 잠시 모든 일을 중단하고 다음의 질문들을 스스로에게 던져보라.

- ▶ 당신은 무엇을 두려워하는가?
- ▶ 무엇을 걱정하는가?
- ▶ 돈? 안전? 자녀? 배우자? 관계? 직장? 미래? 건강?

시편 46편 10절의 진리를 묵상하라
"너희는 가만히 있어 내가 하나님 됨을 알지어다."

이것과 함께, 당신이 가진 두려움에 대해 정확하게 확인할 수 있는 자료들을 모으라. 당신의 건강을 확인해 보고, 당신의 결혼생활의 긴장을 어떻게 다루어야 하는지에 대해 성숙한 사람과 대화해 보라. 당신의 재정에 관해 컨설턴트와 만나보는 것도 좋다. 그리고 끝으로, 실제로 그 두려움을 넘어서기 위한 행동의 세부적인 계획을 세우라. 이런 자료들을 통해 당신의 두려움을 확인하고, 이겨내라.

분노, 슬픔 그리고 두려움을 다루는 것을 도와줄 세 가지 지침들

여기 당신의 분노, 슬픔 그리고 두려움의 감정을 다루는 것을 돕기 위한 세 가지 지침들이 있다. 당신의 감정을 느껴라, 당신의 감정을 통해서 생각하라, 그리고 적합하게 행동하라. 간단해 보이지만, 결코 쉽지 않다.

✚ 당신의 감정을 느껴라

감정이 느껴질 때, 심각하게 생각하지 마라. 감정에 소홀해서도 안 되며, 감정이 우리 삶을 지배하게 만들어서도 안 된다. 당신은 감정들이 당신 삶의 어느 구석에 방치되기 보다는, 그것들이 우리를 돕도록 관리하기를 원할 것이다. 느낀다는 것은 당신의 감정을 인식하고 그것들을 인정한다는 뜻이다. 자책하는 것 없이, 당신에게 감정들을 경험하도록 허용하

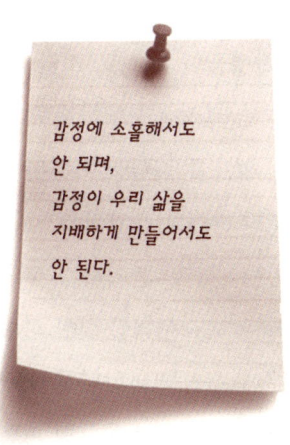

감정에 소홀해서도 안 되며, 감정이 우리 삶을 지배하게 만들어서도 안 된다.

라. 당신을 사랑하시는 하나님 앞에서 그것들을 탐구하라.

감정에 대한 인식을 발달시키는 한 가지 방법은 일기를 쓰는 것이다. 이것은 내가 오랫동안 휴면기에 있던 '감정'의 근육들을 활용하기로 결심했을 때 했던 가장 기초 훈련이었다. 일주일에 서너 번 나는 모든 것을 멈추고, 그날 경험했던 감정들에 대해서 생각해 보았다. 그리고 이 '감정들'이 내 일기장에서 기록되는 동안, 내가 정말로 느꼈던 것에 대한 인식이 강화되기 시작했다. 계속해서 내 감정들이 더 분명해지는 것을 느꼈고, 더 이상 감정들이 스스로 표현할 때까지 기다리거나, 애써 탐구할 필요가 없었다. 나는 더 이상 나 자신을 억압하거나 평가절하하지 않았기 때문에 내면의 혼란으로부터 벗어나 더 큰 자유와 평화를 경험할 수 있었다.

성경은 하나님께 자신의 감정을 표현하는 일에 우리를 초청한다. "백성들아 시시로 저를 의지하고 그 앞에 마음을 토하라"(시편 62:8). 그러나 불행하게도, 우리 중 다수는 마음을 누군가에 토해놓지 않도록 길들여져 있다. 우리와 가까운 사람들조차도 부분적으로만 그리고 불완전하게 우리를 안다. 그러나 하나님은 신뢰할 수 있는 안전한 분이다. 우리는 전적으로 그에게 마음을 열 수 있다. 그 무엇도 우리를 향한 하나님의 절대적인 사랑을 막을 수 없기 때문에, 우리는 하나님께 마음을 토해놓을 수 있다.

어느 날 출타 중이던 피트에게 전화가 왔다. 그의 친구 줄리어스와 마지막 작업을 하려고 한다는 것이었다. 피트는 내게 늦게까지 일을 하고 와도 되는지를 물었다. 내 목과 어깨가 긴장되고, 심장박동 수가 빨라졌다.

"물론이죠, 충분히 일하고 들어오세요. 저녁 준비해 놓을게요. 난 괜찮아요."

라고 대답했다. 전화를 끊고 나는 하던 일을 계속했다.

이후, 내 감정을 돌이켜보고 일기를 적는 동안, 피트의 요구와 나의 대답에 대해 불편한 감정이 아직 지속되고 있음을 깨달을 수 있었다.

이제 나는 내 감정을 부인하는 것을 중단하는 과정에서 두 번째 단계, 즉 감정을 통해서 생각할 단계로 나갈 준비가 되었다.

✚ 당신의 감정을 통해서 생각하라

나는 이기적으로 보이고 싶지 않았기 때문에 피트의 요청을 수락했었다는 것을 알았다. 동시에 그가 정시에 집에 오기를 원했던 것은 나쁜 것이 아니라는 것을 깨달았다. 나는 자신의 가치에 대해 말할 수 있는 충분한 권리와 자격이 있다.

"네 명의 어린 아이들과 함께하는 저녁시간에 당신의 도움이 필요하고 원해요."

피트가 가족의 일원으로 가족과 함께 저녁을 먹는 것이 나에게 얼마나 중요한지를 알았다. 그리고 그것은 피트에게 표현해야하는 정당한 요구였다.

헨리 나우웬은 인생의 50퍼센트를 자신의 인생을 사는데 사용해야 하며, 나머지 50퍼센트는 어떻게 살 것인지를 생각하는데 사용해야 한다고 언급한 적이 있다.[3] 생각하는 것은 하나님의 형상에 따라 창조된 인간에게만 주어진 능력이다. 이 선물이 감정에 대해 경솔하게 반응하기 보다는 사려 깊게 반응할 수 있도록 해 준다. 우리는 우리 내부의 감정을 느껴야 하지만, 항상 그것을 따르기만 해선 안 된다. 잠언기자는 "지식 없는 소원은 선치 못하고 발이 급한 사람은 그릇하느니라"(잠언 14:8 ; 19:2)고 말한다. 그릇된 생각에 대해서는 이후 7장에서 더 이야기하게 될 것이다.

자신의 감정을 확인한 후, 스스로에게 질문을 해 보라.

"내가 이런 방식으로 느끼는 이유는 무엇일까?"

예를 들어, 당신은 내일 사장과의 면담을 걱정하고 있다. 일단 그 두려움을 인정하고 나서, 스스로에게 질문을 해 볼 수 있을 것이다. 무슨 일이지? 만약 사장이 나를 해고하면 어떻게 하지? 사장이 봉급을 깎고 내가 더 이상 자립할 수 없으면 어떻게 하지? 명확하게 어떤 이유로 두려움을 느끼는지 탐구해 보라.

당신이 느끼는 감정에 대해서 생각한 후에야, 그것이 슬픔, 분노, 두려움 무엇이든 간에, 당신은 세 번째 단계, 행동으로 나갈 준비가 된다.

✚ 적합하게 행동하라

피트가 저녁식사 때까지는 오기를 원했지만, 오지 않아도 괜찮다고 거짓말했다는 것을 깨닫고 나니, 질문 하나가 남아있었다.

"게리, 그 감정에 대한 너의 적합한 행동은 무엇이니?"

나는 그가 그런 요청을 한 것, 그 자체에 대해 비난하고 싶은 유혹에 사로잡혔다. 피트의 요청은 가족에 대해 아무 생각도 없는 것이었다. 왜 피트는 줄리어스에게 그렇게 하지 못하겠다고 말하지 않았나? 도대체 왜 피트는 이것이 나에게 어떤 영향을 끼치는지 이해하지 못하는가?

마음을 가라앉히고 나서야, 그를 비난하는 것은 적합한 행동이 아님을 깨달았다. 피트는 내게 내 생각을 물었었다. 그리고 나는 괜찮다고 대답했다. 그런 대답을 들은 피트가 지금 내 안에서 어떤 일이 일어나고 있는지 알 수 없었다. 나는 화나는 감정을 말하기 위해 피트가 돌아올 때까지 끙끙거리며 기다리지 않기로 결정했다. 일기를 다 적은 후에, 피트에게 다시 전화를 걸어 오늘 저녁시간을 함께 해 줬으면 좋겠다는 나의 진짜 감정을 솔직하게 이야기했다. 어떤 불만도 없이 그는 간단하게 대답했다. "말해줘서 고마워요, 여보. 그럼, 여섯 시에 보도록 해요!"

나는 이 경우와 관련된 나의 생각들과 감정들을 처리하기 위해서 많은 몸부림, 괴로움을 경험했다. 하지만 그리스도 안에서 영적형성의 측면에서 내가 얻은 것은 값으로 따질 수 없는 것들이다. 나는 다른 무엇보다 우선적으로 거짓말하는 것을 중단했다. 그리고 자신의 가치를 발견했다. 또한 내 결혼생활을 존중하게 되었다. 나는 새로운 방법으로 하나님과 연결하는 방법을 배웠다.

때로는 적합한 행동이 무엇인지 분명하게 알 수 있다. 그렇다면 그렇게 행동하라. 당신의 두려움을 넘어서고, 그 구직의 기회를 붙잡아라. 아니라고 생각되는 그 초대에는 아니라고 대답하라. 새로운 관계에 헌신하기 전에 기다려라.

그러나 또 다른 상황에서는, 적합한 행동을 분별하는데 상당한 시간이 걸릴지도 모른다. 적합한 행동을 찾기 위해 더 많은 정보를 모으고, 많은 시간 생각해야 할지도 모른다. 결정을 위해 많은 중요한 대화를 하게 될 수도 있다. 신뢰하는 친구와 이야기해 보거나, 하나님과 함께 홀로 더 긴 시간을 가져야 할지도 모른다. 또는 성숙한 대화를 하는 방법이나, 경청하는 방법, 잘 싸울 수 있는 기술이나, 기대치를 분명히 하기와 같은 새로운 기술들을 배워야 할 필요를 느낄 수도 있다.

당신의 영혼에 상처를 주는 방법으로 분노, 슬픔, 두려움을 다루며 10년, 20년, 또는 30년, 심지어 어떤 사람은 50년의 시간을 보내왔을 수도 있다. 자신에게 새로운 방법과 과정을 배울 수 있는 충분한 은혜와 시간을 부여하라.

슬픔, 분노 그리고 두려움을 부인하는 것을 중단하는 것은 정서적으로, 육체적으로 그리고 영적으로 당신을 더 성숙하고 건강한 삶으로 인도할 것이다. 자신의 감정을 소유하는 것은 당신의 감정을 지독하게 불쾌한 방식으로 타인에게 전가하는 것을 막아줄 것이다. 이것은 비난하기를 중단하고 우리 삶의 책임을 질 필요가 있음에 관한 다음 장의 이야기로 자연스럽게 우리를 이끈다.

5장

비난하기를 중단하라

비난
게임

✦

당신 인생에 대한
책임감을 가지라

✦

하나님께서 우리에게 주신
개인의 자유

✦

개인의 자유
도구 세트

피트와 나는 결혼함으로서 하나가 되었다. 그러나 피트가 바로 그 하나였다. 결혼생활은 우리 모두가 발전할 수 있는 공간이기 보다는 나를 넘어지게 하고, 실망하게 하는 많은 구멍을 가진 공간이었다.

  내가 피트의 삶에 집중하게 되는 것은 당연한 일이었다. 피트는 자신이 원하는 것을 훨씬 명확하게 알고 있는 듯했다. 임신 6개월이었을 때, 피트는 전쟁 중이었던 니카라과로 휴가를 다녀오자고 했다. 그것은 내가 생각하는 휴식과 여가가 아니었다. 그러나 나는 내 생각을 제안하지 않았다. 아무것도 없이 뉴욕에서 교회를 개척할 때에도, 갈수록 지치고 외로움이 깊어졌음에도 불구하고, 일에 중독된 피트의 방식에 따랐다. 나는 뉴저지에 있는 해변에서 남편과 함께 여름휴가를 즐기길 원했지만, 피트의 강한 뜻에 따라 길고 더운 여름 내내, 어린아이들과 퀸즈의 좁은 아파트에 머물렀다.

피트는 자신의 생각을 제안했고, 나는 그렇지 않았다. 이것은 피트의 잘못이 아니었다. 그는 내 선택에 대한 책임이 없다. 내 삶에 대한 나의 욕구를 무시하도록 허락한 것은 나였고, 그 책임은 전적으로 내게 있다. 나는 나의 절망적인 삶의 환경들을 바꾸기에는 너무 무기력한 사람이라는 잘못된 믿음을 가지고 살아왔다.

내가 원하지 않던 어떤 일이 내게 일어날 때, 내가 할 수 있는 최선의 방식은, 피트를 비롯한 다른 사람들을 비난하는 것이었다.

비난 게임

슬프게도 비난은 언제나 우리와 함께 있었다.

아담은 하와를 비난했다. 하와는 뱀을 비난했다. 사라는 하갈을 비난했다. 요셉의 형들은 요셉을 비난했다. 이스라엘 백성들은 모세를 비난했다. 모세는 하나님을 비난했다. 사울은 다윗을 비난했다.

오늘날, 우리는 일이 잘 풀리지 않을 때, 부모, 배우자, 자녀, 학교, 정부, 회사, 직장상사, 종업원, 지도자, 날씨, 경제변화 그리고 교통상황을 비

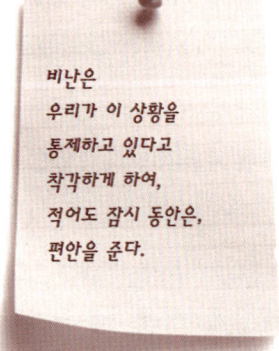

비난은
우리가 이 상황을
통제하고 있다고
착각하게 하여,
적어도 잠시 동안은,
편안을 준다.

난한다. 우리는 나쁜 상황에 직면할 때, 악령의 힘을 비난하고, 심지어는 하나님을 비난한다. 비난은 우리가 이 상황을 통제하고 있다고 착각하게 하여, 적어도 잠시 동안은, 편안을 준다. 그러나 곧, 비난은 하나님께서 주신 개인의 능력을 빼앗아 버리고, 무기력하게 만들어 우리를 미숙한 상태에 가두어 버린다.

여기 책임을 회피하기 위해서 우리가 하는 비난게임의 예들이 있다.

- "당신이 내 인생을 망치고 있어."
- "직장 상사 때문에 일을 할 수가 없어. 다른 곳으로 가면 이렇지 않을 텐데."
- "이 교회는 나랑 잘 맞지 않는 것 같아."
- "배우자가 휴가를 가지 않기 때문에 지쳐 죽을 지경이야."
- "봉급이 적어서 이렇게 빚이 많은 거야."
- "미성숙한 교회 때문에 영적으로 성장하지 못하는 거야."
- "신용카드 회사가 내 삶을 이렇게 비참하게 만들었어."
- "상담받기 싫어하는 약혼자 때문에 우리 관계가 이렇게 좋지 않은 거야."
- "직장을 바꾸기엔 내 나이가 너무 많아."
- "싱글맘이라서 가난하게 살 수 밖에 없을 거야."
- "부모님은 나를 힘들게 해."

- "나쁜 선생님 때문에 수학과 과학은 절대로 잘할 수 없을 거야."

비난의 말들은 무기력함에 대한 멋진 환상을 준다. 선택할 수 있는 것이 아무것도 없다는 잘못된 믿음을 갖게 한다. 비난이 서서히 우리를 약화시킨다. 비난하는 사람들은 비난을 위한 희생양을 선택할 때, 다른 사람들보다 자신이 도덕적으로 우위에 있다는 감정을 갖곤 한다. 이렇게 함으로서 그들은 자신들이 가져야 할 책임감을 제거해 버린다. 우리는 아담과 하와가 비난함으로서 우위를 점하려고 애썼던 에덴동산의 일을 잘 알고 있다. 비난하는 사람들은 전형적으로 분노하고, 자신의 직면한 상황으로 인한 불편한 자신의 상태보다는 타인이 했어야만 하는 일에 더 집중한다. 이런 방법은 자신이 직면한 어려운 선택을 하는 것보다는 훨씬 편해 보인다.

고통스런 상황들이 계속해서 우리에게 상처를 주거나, 우리가 했었어야 했던 것들 때문에 고통을 받아야만 하는 상황에 직면하면, 우리는 자신의 삶이 자신의 통제밖에 있다는 잘못된 생각을 한다. 그리고 우리는 우리가 희생양이라고 생각한다. 그 결과 우리는 자주 좌절하게 된다.

다음 여섯 가지의 진술을 읽어보라. 혹 당신이 개인적인 책임을 회피하기 위해, 비난을 사용하고 있는지를 발견하도록 도와줄 것이다.

1. 당신은 당신이 불이익을 당했다고 생각한다.
2. 당신 삶의 발전을 위해 바꿀 수 있는 것이 아무것도 없다고 생각한다.
3. 잘못된 상황이나 관계는 당신의 통제 밖의 일이라고 생각한다.
4. 자신이 잘못했다는 것을 거의 믿지 않는다.
5. 사과하는 것은 나약함을 나타내는 것이라고 생각한다.
6. 당신은 미래를 바라보기 보다는 과거에 머물러 있다.

타인을 비난하고 있는 자신을 발견했는가? 자신이 희생양이라는 느낌이 드는가? 그렇다면 이제 다음의 중요한 질문을 스스로에게 던질 시간이다. "나는 이것에 대해서 무엇을 해야 하는가?" 이 질문은 당신을 타인만 비난하는 하는 사람이 아닌, 당신의 인생을 스스로 책임지는 사람이 되도록 도와줄 것이다.

당신 인생에 대한 책임감을 가지라

선택권은 당신에게 있고, 당신이 선택해야 한다. 당신을 제외한 그 누구도 당신과 당신의 인생을 책임질 수 없다.

당신의 배우자가 나가길 원하지 않는가? 그렇기 때문에, 당신의 배우자 때문에, 외롭고 우울해지는가? 그렇다면, 당신은 혼자 아니면 친구들과 나갈 수 있다. 하루에 한 시간씩이나 운전해서 직장을 가는 것이 싫다면, 집과 가까운 새 직장을 구하거나 직장과 가까운 곳으로 이사하는 것을 선택할 수 있다. 부모님이 변화하기를 싫어하시고, 여러 가지 이유들로 부모님과 함께 하기 어렵다면, 당신은 언제, 그리고 어떻게 부모님과 시간을 보낼 것인지 등에 대한 경계를 결정할 수 있다. 어쩌면 당신의 배우자는 당신의 결혼생활과 관련된 상담을 하러 가는 것을 싫어할지도 모른다. 하지만 당신은 관계에 있어서 당신 자신의 장애물들을 상담하기 위해 갈 수도 있다. 당신은 신용카드 회사에 수 없이 전화해서, 당신이 받고 있는 엄청난 스트레스에 대해 항의하고, 비난할 수 있다. 그러나 당신은 당신의 재정적 문제를 회피하는 대신에, 재정적 구렁텅이에서 당신을 꺼내고, 재정 운용 기술을 배우며, 장기적인 안정을 구축할 수 있는 계획을 만들기 위해 노력할 수도 있다.

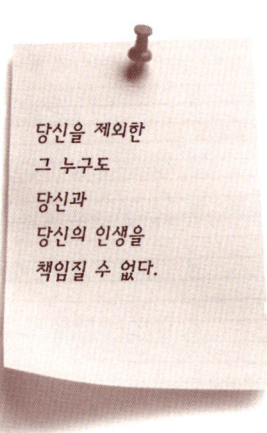

당신을 제외한 그 누구도 당신과 당신의 인생을 책임질 수 없다.

신디아는 잭슨과 18년간 결혼생활을 해 왔다. 신디아는 세 명의 아이들과 잭슨을 위해 모든 요리를 혼자 해 왔다. "음식을 만들고, 먹고 난 후에 설거지하고, 너무 지긋지긋해. 이건 정말 불공평한 거야."라고 해마다 불평했다. 그녀는 이것 때문에 잭슨에게 분한마음을 가졌고, 이것은 냉소적인 말들과 거리감을 통해서 새어나왔다.

그 후, 신디아는 교회 소그룹을 통해 자신을 소중히 여기는 것에 대해 배우고 성장하기 시작했다. "더 이상 남편을 비난하지 않겠어요." 그녀가 내게 말했다. "왜냐하면, 잭슨에게 부탁하거나, 선언하는 모든 것이 내 책임이라는 것을 깨달았기 때문이에요. 필요하다면 평지풍파를 일으킬 각오가 되어있어요."

신디아의 남편은 기대 이상으로 요리와 설거지를 잘 분담해 주었다. 그전에 신디아는 남편을 비난할 뿐, 단 한 번도 무엇인가를 부탁한 적이 없었다. 그녀는 비난하는 삶에서 자신이 선호하는 것과 필요한 것에 대한 책임을 지는 삶으로 변화했을 때, 단순하지만 심오한 삶의 교훈을 발견했다.

미셸은 그녀의 남편 빌과 부부관계로 심각한 고통을 겪고 있었다. 그녀는 "만일 남편이 그의 삶을 바꾼다면 모든 것이 좋아질 거야"라고 생각했다. 그녀는 하나님께서 남편을 고쳐주시길, 그리고 모든 것이 다 잘 되길 기도했다. 1년이 5년이 되었고, 5년은 10년이 되었다. 하지만 변화는 일어나지 않았다.

그러나 미셸은 지금 자신의 불행의 책임이 남편에게 있는 것이 아니라 자신에게 있다는 것을 깨달은 후 통곡 했다. "하나님께서 저를 만나주시기 전까지 저는 절망적인 분노와 고통 속에 있었어요. 하나님께서는 내가 문제의 일부임을 보여주셨어요. 또한 부부관계의 문제는 우리의 건강하지 못한 결혼생활을 보여주는 증상들 중에 하나라는 것도 깨닫게 해 주셨어요."

미셸은 자신의 문제, 자신의 행복에 대한 책임을 스스로 지기로 결정했다. "우리 관계의 여러 문제들을 하나님께서 결국 해결해 주셨어요." 그녀는 그때를 회상하며 말했다. "용기, 정직, 힘든 시간, 그리고 자신을 책임지기 위해 수년의 시간이 걸렸어요. 상상할 수도 없었던 안정된 부부관계와 친밀감이 생겼어요. 이것은 제가 "그를 고쳐달라고" 하나님께 간청했을 때는 일어나지 않았던 일이었어요." 이 일이 있고, 그녀의 남편은 미셸이 비난을 중단하고, 희망을 포기하지 않은 것에 깊이 감사했다.

하나님께서 우리에게 주신 개인의 자유

위대한 고전『오즈의 마법사』에서, 도로시, 허수아비, 양철 나무꾼 그리고 사자는 그들을 자유롭게 해 줄 무언가를 찾아 떠난다. 도로시는 집으로 가길 원하고, 허수아비는 두뇌를, 양철 나무꾼은 마음을 그리고 사자는 용기를 원했다.

길고 힘든 여정을 마친 후, 자신들의 목적지에 도달했을 때, 그들은 놀라운 것을 발견한다. 오직 마법사만이 그들에게 줄 수 있다고 생각했던 것들이, 사실은 이미 그들이 가지고 있었던 것들이었다. 그들은 단지 그것들을 사용하기 위한 도전적인 절차를 생각해 내기만 하면 됐던 것이다. 허수아비는 두뇌가 있다는 말을 듣자마

자, 수학계산을 하기 시작했다. 양철 나무꾼의 똑딱 소리를 내는 심장은, 그가 다른 사람들을 사랑할 수 있음을 보여주었다. 겁쟁이 사자는 용기의 메달을 받은 후에, 자신의 용기를 다시 발견한다. 그리고 도로시는 항상 집으로 돌아갈 수 있는 능력을 갖고 있었음을 깨닫는다.

하나님의 형상으로 창조된 우리는, 하나님께서 주신 개인의 자유 (창세기 1:26-31) 안에서, 행할 수 있는 분명한 권리와 책임을 가지고 태어났다. 예를 들면, 우리는 선택을 하기 위해, 경계를 정하기 위해, 선호하는 것을 분명하게 말하기 위해, 자신의 생각과 감정을 말하기 위해, 다른 사람에게 허락을 받을 필요가 없다. 이러한 능력들은 이미 우리의 것이다. 그렇지만, 우리 삶을 선택할 자유가 있는 동시에 선택한 삶에 대한 책임도 있다.

개인의 자유 도구 세트

나 자신의 인생을 선택할 자유를 되찾고, 또한 다른 사람들도 그렇게 하도록 돕기 위한 일을 시작한 지 몇 년이 지난 후, 나는 '개인의 자유 도구세트'라는 개념을 정리했다.[1] 이것은 유명한 심리학자 버지니아 사티어가 만든 도구 세트를 응용, 확장한 것이다. '개인의 자유 도구 세트'는 9개의 도구를 가지고 있다. 만일 당신이 타인을 비난하는 것을 중단하고, 자신의 인생을 책임지려고 한다면 이 도구가 도움이 될 것이다. 각각의 도구들은 하나님의 형상으로 만들어진 인간으로서, 그리고 예수 그리스도의 제자로서 주어진 권리 혹은 책임을 상기시켜준다. 다음의 목록들은 살펴보라. 단순하지만, 당신의 삶을 변화시킬 수 있는 도구들이다. 배우기는 쉽지만, 실천하기는 어렵다.

- **분리의 울타리** _ 경계를 설정하라!
- **선언의 목소리** _ 자신의 의견을 소리 내어 말하라!
- **예/아니요 펜던트** _ "예", 또는 "아니요"라고 말하라!
- **감정의 심장** _ 감정에 집중하라!
- **돌봄의 산소마스크** _ 자신을 보호하고, 돌봐주라!
- **대면의 거울** _ 자신과 만나라!
- **희망의 열쇠** _ 소망 가운데 거하라!
- **지혜의 모자** _ 주의 깊게 생각하라!
- **용기의 배지** _ 담대하라!

1. 분리의 울타리

울타리는 경계선이다. 이것을 통해 내 영역이 어디에서 끝이 나며, 이웃의 영역이 어디에서 시작되는지 알 수 있다. 성경은 다양한 경계선을 창조의 순간부터 분명하게 제시한다. 혼돈에서 질서를 가져오기 위해서, 하나님께서는 낮과 밤을 분리하셨고, 땅과 하늘을, 그리고 물과 육지를 분리하셨다.

또한 하나님께서는 인간을 창조하실 때에도 경계선을 가지고 계셨다. '존재'라는 단어는 '따로 선다'에서 나온 말이다.[2] 에덴동산에 두 명이 있기 전에, 한 명이 있었다. 아담과 하와는 각각 서로에게 분리된 독특한 인간으로서 정체성을 지니고 있었다. 분리된 개인으로서 그들의 정체성은 그들의 건강한 연대감의 결정적인 요소이다.

이와 같이, 하나님께서는 우리에게 경계선을 주셨고, 때문에 우리는 우리의 시작과 끝을 안다. 이 경계선들은 우리 자신의 생각, 감정, 희망, 꿈, 공포, 가치 그리고 신념을 포함한다. 이것들은 우리가 개인으로서 분리된 존재임을 상기시키는 동시에, 당신을 타인과 구별되게 만들어준다.

우리 자신의 경계선을 세우고 강화하는 것과 더불어서, 우리는 타인의 경계선을 존중해야만 한다. 우리는 차이점을 인정함으로서 이것을 할 수 있다. 우리의 의견이나 생각이 다를 때, 타인의 생각이 우리의 것과 현저하게 다르다 할지라도, 우리는 다른 사람의 선택을 존중해야 한다. 우리는 타인의 생각을 하찮게 여기거나 나쁘다고 생각하지 않아야 한다. 그러나 만약 우리가 이런 사람들의 개별적인 선택과 생각을 무시한 채, 모든 사람들이 반드시 느끼고 생각해야 하는 것이 있다고 말한다면, 그것은 분리의 울타리를 넘어서는 것이다. 우리는 종종 다음과 같은 경계선을 넘어서는 말들을 한다.

- "말도 안 돼, 어떻게 그런 생각을 할 수 있지?"
- "당신은 화내면 안 돼."
- "당신 생각은 옳지 않아."
- "그런 영화를 좋아한다니 믿을 수 없군."
- "당신은 나에겐 관심도 없군요. 그래서 나에게 전화하지 않은 거군요."

분리의 울타리는 단순하다. 그러나 무기력하다고 생각되는 상황에서 다른 반응을 할 수 있도록 만들어 주는 강력한 도구이다. 자신의 주장을 말하는 것을 두려워하고, 다른 사람들의 삶에만 집중하는 것 대신, 구별된 개인으로서 가지는 자신의 자유를 주장하고, 자신의 생각과 감정을 표현해야 한다. 이제 직장에서 존중받지 못한다고 느낄 때, 그렇게 되도록 내버려두기보다 그것에 대해 정중히 요청하는 말을 할 수 있다.

만일 당신이 당신의 경계를 세우는데 어려움을 겪는다면, 그것은 아마도 경계를 만들거나, 실천하는 것을 본적이 없기 때문일 것이다. 어쩌면 당신은 가정에서 육체적 또는 정신적 학대를 경험한 적이 있었을지도 모른다. 분리의 울타리를 세우는 것은 하나님의 능력과 용기의 높은 단계, 그리고 다른 사람의 도움이 필요할 것이다. 도움을 요청해라. 이것은 얼마든지 배울 수 있다. 당신은 그럴 가치가 있다.

기억하라! 만일 사람들이 우리 경계선을 넘어선다면, 그것은 우리가 그것을 허용했기 때문이다. 당신을 제외한 누구도 당신의 경계선을 존중하고, 보장해 주어야 할 책임이 없다.

2. 선언의 목소리

이 도구는 하나님께서 주신 분리됨을 주장하는데 필수적 요소이다. '목소리'는 자신을 위해 말할 수 있는 능력, 즉 자신이 생각하고 느끼는 것을 타인에게 전달할 수 있는 능력을 의미한다.

자기입장을 밝힌다는 것이, '예의바르지 않음'을 뜻하지 않는다. 그러나 이것은 어쩌면, "자신이 원하거나 필요한 것을 요구하는 것은 예의바른 게 아니다."라는 암묵적 규칙을 만들고 강요한 사람들에 대한 도전일 수 있다. 당신 가정은 어쩌면, "아버지의 위선에 대해서 말하지 마라."는 암묵적 규칙을 가지고 있을지 모른다. 아마도, 당신은 아버지의 과도함 음주, 혹은 분노, 또는 우울증에 대해서 말할 수 없었을지도 모

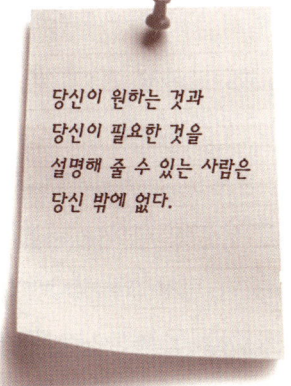

당신이 원하는 것과 당신이 필요한 것을 설명해 줄 수 있는 사람은 당신 밖에 없다.

른다. 당신은 당신의 목소리를 내는 것, 즉 당신의 진실을 소리 내서 말하는 것은 위험한 것이라고 배웠다.

하지만, 성인이 된 지금, 당신이 원하는 것과 당신이 필요한 것을 설명해 줄 수 있는 사람은 당신 밖에 없다. 당신 말고는 그 누구도 당신에 대한 전문가가 아니다. 만일 당신이 자신의 필요, 선호하는 것들 그리고 무엇이 당신에게 중요한지에 대한 목소리를 내지 않는다면, 아무도 할 사람이 없다. 다른 누구도 대신 해 줄 수 없으며, 해서도 안 된다. 오직 당신만이 자신의 의견을 명확하고, 정직하게 그리고 존중받을 만하게 표현할 수 있고, 그래야 할 책임이 있다.

자신을 위해서 말하는 것은, 타인에게 '반대하기 위하여'가 아니라, 자신을 '위하여' 하는 것임을 기억하는 것이 중요하다. 때로 우리는 우리에게 동의하지 않는 사람들은 우리를 반대하는 것이라고 생각한다. 그러나 그것은 사실이 아니다. 그들은 단지 입장이 다를 뿐이다. 내가 지구 온난화, 경제 또는 동성결혼에 관한 당신의 생각에 동의하지 않는다고 말하는 것이, 당신과 적이 되려거나, 비협조하기 위한 의도를 가진 것은 아니라는 뜻이다. 내가 피트에게 오늘밤 혼자 있고 싶다고 말하는 것이, 피트에게 적대적 감정을 가지고 있다는 뜻은 아니다. 나는 그를 사랑하고, 그와 함께 있는 것을 좋아한다. 단지 그를 사랑하기 위해, 먼저 나의 감정의 배터리들을 충전해야 하기 때문이다. 내가 영화를 보러가자는 당신의 초대를 거절하는 것은, 당신과 관련된 아무것도 의미하지 않는다. 나는 단지 집에 머물며 내 지친 몸을 쉬게 하길 원할 뿐이다.

우리 일상생활은 자신의 생각을 표현하든지, 두려움과 죄책감으로 움츠리든지를 선택해야 할 상황으로 가득 차 있다. 예를 들면,

- "당신이 커브에서 과속하지 않았으면 좋겠어요."
- "그 모임에 가고 싶지 않아요. 집에 있고 싶어요."
- "모임 중에는 이메일을 확인하지 않았으면 좋겠어요."

우리 자신의 생각을 표현하기 위해서 선언의 목소리를 사용하는 것이, 타인을 통제하거나 조정하려는 것은 아니다. 분노했거나, 방어하려는 것도 아니다. 이것은 우리 자신과 타인을 향한 깊은 존중의 자세에 대해 말하고 싶기 때문이다. 또한 우리는 당혹감이나 혼란스러움을 언급하기 위해서도 목소리를 사용한다. 불편한 것일지라도, 매우 어려운 것이라도 질문을 할 권리가 있다.

하나님은 목소리를 갖고 계신다. 그는 말씀하신다. 하나님의 형상을 닮은 그의 자녀로서, 당신 역시 목소리를 갖고 있으며 다정하지만 강력한 방법으로서 그것을 사용하도록 부름을 받았다. 이것이 당신의 '선언의 목소리'이며, 이것 없이는 절대로 하나님이 주신 독특한 당신만의 삶을 살 수 없다.

3. 예/아니요 펜던트

자유 도구 세트에서 특별히 중요한 두 단어는 '예'와 '아니요'이다. 두 단어들은 매우 강력하다. 그리고 두 단어는 매우 독특한 도전을 일으킨다. 많은 사람들이 아니라고 말하는 것에 죄책감을 느낀다. 우리는 사람들을 실망시키기 보다는 호감을 얻기 원한다. 그래서 아마도 우리는 아니라고 말하는 것을 다소 덜 성숙한 크리스천의 표현이라고 생각할지도 모른다. 하지만 예수님의 경우를 생각해 보라. 예수님께서는 사람들을 실망시켰는가? 아니면 호감을 얻기 위해 노력하셨는가?

예수님께서는,

- ▶ 자신을 왕으로 모시고 싶어 했던 군중들의 요구에 그럴 수 없다고 말씀하셨다(요한복음 6:14-16).
- ▶ 십자가에 매달려 죽으시면 안 된다고 말한 베드로의 말에 동의하지 않으셨다(마태복음 16:21-23).
- ▶ 메시야라고 주장하는 것을 중단하라고 요구한 종교지도자들에게 그럴 수 없다고 말씀하셨다(요한복음 9:35-39).
- ▶ 집으로 돌아오길 원했던 가족들에게 안 된다고 말씀하셨다(마가복음 3:31-34).
- ▶ 십자가에서 내려와 하나님의 아들임을 증명하라는 사람들의 조롱에 동조하지 않으셨다(누가복음 23:35-39).

만일 예수님께서 사람들을 실망시킬 것에 대한 두려움 때문에 '아니요'라고 대답하길 주저하셨다면, 그는 하나님께서 그에게 주신 임무와 목표를 성취하지 못했을 것이다. 사람들의 기대에 휩쓸려 버린 나머지, 자신이 나아가야 하는 방향을 잃어버렸을 것이다. 만일 우리가 우리의 삶을 향한 아버지의 뜻을 성취하고 싶다면, 건강한 '아니요'를 말할 수 있도록 연습하는 것이 반드시 필요하다.

'예'와 '아니요', 둘 다, 애정 어린 단어들임을 이해하는 것이 중요하다. 내가 '아니요'라고 말하는 것이 다른 사람을 배신하는 것이나, 나를 나쁜 사람으로 만드는 것이 아님을 기억하라. 만일 내가 '아니요'라고 말해야 할 때, '예'라고 말한다면, 그것은 결국, 나의 고결함을 무너뜨리고, 나와 그 사람, 둘 모두에게 상처를 주게 될 것이다. '아니요'라고 말하는 것은 모든 성인들이 가진 권리이다.

- "아니요, 오늘은 당신을 도와 줄 수 없어요."
- "아니요, 이번 토요일에는 아이들을 돌볼 수 없어요."
- "아니요, 이번 주에는 방문하지 않을 거예요."
- "아니요, 오늘 밤에는 당신 친구를 집에 데려다 줄 수 없어요."

건강한 '예'를 말하고 싶다면, 반드시 건강한 '아니요'도 말할 수 있어야한다. 건강한 '예'만이 어떤 억울함도 갖지 않게 해 준다. 또한 그럴 때, 충만한 기쁨이 당신에게 불어올 것이다.

- "네, 가게까지 태워드릴 수 있어서 기뻐요."
- "네, 내일 저녁 함께 하게 되어 매우 기뻐요."
- "네, 당신의 아이들을 돌볼 수 있으니까 조용히 시간을 보내셔도 돼요."
- "네, 오늘 언제든지 전화하셔도 괜찮아요."

이번 주 당신의 목에 '예 / 아니요 펜던트'가 걸려 있다고 상상해 보라. 선택과 결정이 주어졌을 때, '예'이든, '아니요'이든, 당신을 위한 옳은 결정의 모양으로 변해 있을 보석을 당신의 손에 쥐어라.

4. 감정의 심장

이 도구는 내면의 감정에 집중하기 위해, 정기적인 시간을 가져야 한다는 것을 강조한다. 이것은 하나님께서 우리에게 다가오시는 방법이고, 지표이다. 사건, 사람 그리고 나를 흥분시키는 것들은 나를 특별한 인간으로 만들어주는 것의 일부이다. 예를 들어, 무엇이 나의 영혼에 기쁨과 생명을 주는지 인식하고 있을 때, 나는 나를 즐겁고 기쁘게 할 수 있는 것을 더 분명하게 요구하고 추구할 수 있다.

저녁식사 도중에 피트가 전화 통화를 하면, 나는 화나는 내 감정에만 집중했다. "피트는 나와 아이들과 시간을 보내길 원치 않아." 라고 그를 비난할 뿐이었다. 그러나 나는 분노를 사용하는 대신에, 분노에 귀를 기울이고 그것이 무엇인지 알기 위해 노력했다. 그것은 내가 가치 있게 생각하는 무언가가 방해받고 있다는 경고였다. 그 후에, 나는 피트를 비난하며, 혼자 끙끙거리는 대신에, 나 자신의 생각을 부드럽고, 정확하게 말할 수 있었다. "피트, 식사 중에는 전화기를 꺼놨으면 좋겠어요. 그러면 가족과 함께 하는 즐거운 시간이 방해받지 않을 것 같아요."

이러한 도구를 사용한다는 것은 나 자신의 실망감과 슬픔을 인정한다는 것을 의미한다. 이는 특별한 저녁 식당에서 형편없는 음식에 실망하는 것에서부터 많은 사람들이 원하는 직장에 고용되지 못했을 때의 환멸감에 이르기까지 다양하다. 수년 동안, 나는 실망하는 것은 감사할 줄 모르는 것이고, 감사할 줄 모르는 것은 나쁜 것이라고 잘못 믿어왔다. 만성적인 불평은 다른 사람에 대한 불안감이 투영된 것이다. 하지만, 실망감을 받아들이고, 이것을 겸손하게 보여주는 것은 우리의 마음을 열어주는 것이다. 이것은 큰 혜택을 주기 보다는 우리에게 상처를 줄 가능성이 크다. 그러나 하나님께 우리 마음을 열 수 있는, 그리고 하나님께서 우리를 만나실 수 있는 환경을 창조해 준다.

'감정의 심장'이라는 도구의 사용에는 나의 행복을 인정하는 것도 포함된다. 어느 여름날 휴가를 위해 산속에 있는 가족 캠프장에 도착했을 때, 나는 에너지와 기쁨으로 가득 찼다. 그 다음 주에 나는 등산과 수영, 항해와 수채화 그림 수업, 미용 그리고 가족과 함께하는 즐거운 시간을 보냈다. 나의 깊은 즐거움은 나에게 나의 삶과 휴가 가운데 변화하고 싶은 것을 바꾸라고 알려 주었다.

하루의 삶을 보내고, 나는 매일, 내 자신에게 묻는다. "오늘 어떤 감정을 느꼈는가?", "무엇 때문에 화가 난 것인가?", "무엇이 슬픈 것인가?", "무엇이 두려운 것인가?", "무엇이 기쁜 것인가?" 라고 질문하고 기록하는데 시간을 보내라. 그리고 다음 질문을 하라. "이 감정들을 통해서 하나님께서 내게 말씀하시는 것은 무엇인가?"

5. 돌봄의 산소마스크

비행기를 타면, 응급상황 시 대처 요령에 대해 안내해 준다. 흥미로운 것은 사고가 나서 산소마스크를 써야 할 때, 함께한 자녀들에게 산소마스크를 씌우기 전에, 당신이 먼저 산소마스크를 쓰라고 교육한다는 점이다. 왜 그럴까? 당신이 먼저 숨을 쉬지 않으면, 당신의 자녀들을 보호하고 도와줄 수 없기 때문이다. 이와 비슷한 내용의 유명한 속담도 있다. "행복하지 않은 사람은 누구도 도울 수 없다." 즉, 내가 다른 사람들을 돌보기를 원한다면, 가장 먼저 자기를 돌보아야 한다.

'돌봄의 산소마스크'를 사용한다는 것은, 당신을 새롭게 하고 당신에게 생명을 주는 일을 한다는 뜻이다. 이것은 당신의 소원과 꿈, 당신을 정말로 살아있다고 느끼게 만드는 일들과 교감하는 것을 의미한다. 작가 파크 팔머는 "내가 살고 있는 삶이, 하나님께서 내 안에서 살기를 원하셨던 삶과 똑같은 것일까?"라는 질문을 했다.

당신의 인생을 향한 다른 사람들의 기대에 부응하는 삶, 당신 자신의 삶이 아닌 다른 삶을 사는 것은 쉽다. 그러나 이런 삶은 지속적으로 자신의 인생을 위해 사용해야 할 시간을 빼앗아 가버린다. 당신은 다른 사람들이 당신에게 하기를 원하는 일들만 하고 있는가? 아니면, 정기적으로 당신이 좋아하는 일들을 하고 있는가?

피트와 나는 뉴욕 퀸즈에 있는 새생명교회를 23년 넘게 섬겨왔다. 교회를 시작한 첫날부터 지금까지, 우리는 많은 요구의 바다에 둘러싸여 지냈다. "두 분은 어떻게 그 가운데에서 살아남으신 건가요?"라는 질문을 들으면, 나는 "우리는 사람들을 사랑해요. 그리고 우리가 할 일은 주님의 사랑을 실천하는 것이랍니다. 그와 동시에 우린 자기 돌봄의 산소마스크를 반드시, 그리고 의도적으로 사용해야 한다는 것도 알고 있어요. 우리도 첫 8년간은 자신을 돌보는데 익숙하지 않아서 결국엔 자기 파괴적인 상태가 되었었어요. 정서적으로 건강한 영성에 도달하는 여행이, 내면과 외면의 균형 잡힌 삶을 사는데 도움을 주었어요."라고 대답한다.

피트와 나는 안식기간을 갖는다. 일주일에 하루, 매년 여름에 한 달, 7년마다 3~4개월의 안식년을 갖는다. 이러한 안식 기간 동안, 우리는 우리에게 생명을 주는 일들을 한다. 음악,

> 당신은 지금, 당신에게 생명을 불어넣어 주고, 당신이 정말로 살아있다고 느낄 수 있게 해 주는 것들을 하고 있는가?

독서, 새로운 장소로 여행하기, 자전거 타기, 다른 나라 음식 먹기, 자연, 해변 그리고 우리의 대가족들과 네 명의 딸들과 함께 시간 보내기.

당신에게 신선한 공기를 주는 산소마스크는 콘서트에 가거나 망원경으로 별들을 보는 것, 독서토론 모임에 참석하는 것이나, 스포츠 경기를 즐기는 일, 도자기 만들기 체험, 나무를 가지고 무언가를 만들어보는 것, 정원 가꾸기, 낚시, 요리, 활기 넘치는 스포츠를 경험해 보는 것, 시 쓰는 것, 예술 작품 만들기, 뜨개질 아니면, 단지 친구들을 만나는 것이 될 수도 있다.

당신은 지금, 당신에게 생명을 불어넣어 주고, 당신이 정말로 살아있다고 느낄 수 있게 해 주는 것들을 하고 있는가? 일주일에 하루는 당신에게 생명을 주는 일에 집중하기 위해서 일을 중단할 수 있는가? 당신 주변에 있는 하나님의 선물들을 즐기고 휴식하기 위해 '해야 하는 것'과 '반드시 해야 하는 것'들을 제거한 하루를 따로 떼어놓는 것에 대해 생각해 보라.[3]

6. 대면의 거울

이 도구는 자기기만으로부터 우리 자신을 보호하기 위해서 필요하다(예레미야 7:9). 자기 대면의 거울 앞에 스스로 선다는 것은, 자신의 실수를 살펴보고, 실패의 책임이 나에게 있음을 겸손하게 인정하라는 뜻이다. 다른 사람의 눈에 있는 티를 빼기 전에, 자신의 눈에 있는 들보를 먼저 빼라는 예수님의 가르침에 대한 것이다(마태복음 7:1-5). 우리는 책임을 지기보다는 비난하기를 좋아한다. 나는 여름 내내 뉴욕에서 보낸 나의 불행한 시간에 대한 책임을 피트에게 돌리고, 피트만을 비난했었다. 그러나 '대면의 거울' 앞에 섰을 때, 해변에 있는 부모님의 집으로 가서 피트가 없는 여름을 보내는 것을 선택함으로서 피트를 화나게 하는 위험을 감수하는 것보다, 그저 그를 비난하는 것이 훨씬 쉬웠음을 깨달았다. 그를 비난함으로써, 나는 그가 동의하지 않을 것에 대한 두려움에 직면하는 것을 회피했다. 그 당시, 두려움은 죽는 것보다 더 끔찍한 것이었다.

결국 나 자신의 들보를 제거했을 때, 나는 자신을 돌볼 자유를 발휘할 수 있었다. 자기 직면은 어쩌면 무서운 도구처럼 보일지도 모른다. 그리고 그것은 실제로 두려움을 불러일으킨다. 하지만, 그것은 우리 정면에 있는 괴물들을 직면할 수 있는 능력을 주는 강력한 도구이다. 그것은 비난을 멈추고 자신의 삶을 돌아볼 수 있도록 해준다. 일상생활에서 자기직면이란 다음과 같은 것들을 의미할 수 있다.

▶ 불행의 원인으로 직장상사를 비난하는 것을 중단하고, 다른 직장을 찾는 것에 대한 두려움에 직면하기 시작한다.
▶ 무책임하게 돈을 사용하는 성인 자녀에 대해 불평하기를 중단하고, 당신이 계속해서 돈을 빌려주던 방식이 나쁜 것이었음을 인정한다.

- 당신은 탈진이 될 만큼 많은 요구를 하는 교회를 비난하는 것을 중단한다. 대신에, 당신은 적절하고 건강한 경계선을 분별하기 위한 매우 힘든 노력을 선택한다.
- 당신은 직장에서 자신의 형편없는 프레젠테이션 때문에 다른 사람들을 비난하는 것을 중단하고, 자신이 너무 건방져서 미리 도움을 구하지 않았으며, 너무 두려운 나머지 다른 사람에게 어떤 검토도 요청하지 않았음을 인정한다.

우리가 이 도구를 잘 사용하지 못한다면, 자신의 삶을 선택하라고 하나님께서 주신 자유 가운데 결코 거할 수 없을 것이다. 교황 요한 바오로 2세는 다음과 같이 말했다. "진리와 자유는 함께 공존하거나 아니면, 이것들은 절망 가운데 다 같이 사라진다." 완전한 개인의 진리가 없다면, 완전한 개인의 자유도 성취할 수 없다.

당신의 한 주를 돌이켜 보라. 당신이 하고 싶지 않았던 어떤 것을 말했던 순간이 있었는가? 당신이 후회하는 행동이나 일들이 있는가? 당신의 마음속에서 어떤 일이 있어났는가? 만약 당신이 이번 주를 다시 시작한다면, 어떤 것을 다르게 하고 싶은가? 다시 말하고 싶은 사람이 있다면, 용기 있는 단계를 밟기 위해 당신의 달력에 표시를 해 보라. 자신을 괴롭게 하지 않도록 주의하라. 당신이 발견한 모든 것을 하나님께 드리고, 그분의 약속을 신뢰하라. "만일 우리가 우리 죄를 자백하면 저는 미쁘시고 의로우사 우리 죄를 사하시며 모든 불의에서 우리를 깨끗케 하실 것이요"(요한 일서 1:9).

7. 희망의 열쇠

천지 창조 때부터 하나님께서는 언제나 희망을 주셨다. 우리가 매년 겨울과 여름을 통해, 죽음과 삶의 순환을 보게 되는 것처럼, 희망도 자연의 일부로 포함되어 있다. 우리가 섬기는 살아계신 하나님은 그의 자녀들에게 희망을 불어넣기를 갈망하시는 분이라는 것이, 예수 그리스도의 삶, 죽음, 장사지냄 그리고 부활의 바탕이 된다.

희망의 황금열쇠는 이러한 진리를 열어주고, 과거에 갇혀있는 우리를 해방시켜준다. 희망 없이 산다는 것은 백미러만 바라보면서 자동차를 운전하는 것과 같다. 과거에 지나치게 집착한다면, 우리는 미래를 바라볼 수 없다.

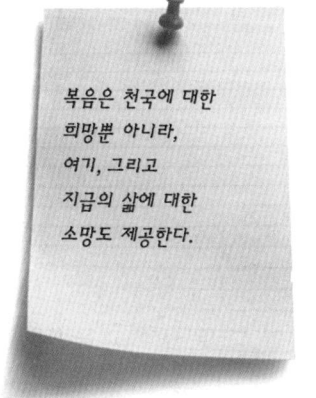

복음은 천국에 대한 희망뿐 아니라, 여기, 그리고 지금의 삶에 대한 소망도 제공한다.

생활이 힘들 때는 부정적인 생각에 사로잡히기 쉽다. "다시는 그렇게 하지 않을 거야" 스스로에게 말하곤 한다. 그리고 우리의 모든 에너지를 우리가 원하지 않은 것을 생각하는데 소모한다. 희망의 열쇠는 더 중요한 질문을 던진다. "나는 무엇을 원하는가?" 이것은 우리로 하여금 성령님과 함께 하여, 스스로 창조할 수 있는 미래를 책임지도록 만든다. 게다가 이것은 우리가 다른 사람들을 비난하거나, 후회와 불평에 사로잡히지 않도록 도와준다.

희망은 우리가 잠겨있다고 생각하지만, 실제로는 그렇지 않은 문들을 열어준다. 예를 들면 목사의 아내인 나는, 우리가 즐거운 삶을 지속적으로 살 수 있을 것이라는 희망을 수없이 잃어버렸었다. 나는 과거의 방식들이 미래에도 계속되며, 내가 그에 대해서 할 수 있는 일은 아무것도 없다고 잘못 믿어왔다. 그러나 그것은 진실이 아니었다. 복음은 천국에 대한 희망뿐 아니라, 여기, 그리고 지금의 삶에 대한 소망도 제공한다. 지독하게 어려웠던 과거가 더 나은 미래는 불가능하다는 것을 뜻하지는 않는다.

- 당신의 가족은, 힘든 감정을 어떻게 표현하는지에 대해 몰랐을 수도 있다. 그러나 당신은 배울 수 있다.
- 당신은 사람들과의 신뢰를 어떻게 만들어 가는지 모른다. 그러나 당신은 배울 수 있다.
- 당신은 솔직하고 직접적이며, 존중받을 만한 방법을 통해서, 자신의 생각을 표현하는 법을 모른다. 그러나 당신은 배울 수 있다.
- 당신은 자신을 직면하는 것이, 죽을 만큼 두렵다. 그러나 당신은 그것을 하는 법을 배울 수 있다. 생존이 아니라, 더욱 풍성한 삶을 살기 위해서 말이다.
- 당신은 대가를 치러야 하는 충돌을 회피한다. 그러나 당신은 두려워하지

않고, 그것을 직면하는 법을 배울 수 있다.
▶ 당신은 당신의 삶에 건강한 변화를 일으키기 위한 훈련을 받으면서, 당신이 원하는 미래를 추구할 수 있다. 그렇다. 당신은 배울 수 있다.

주님께서는 우리가 가장 힘든 상황도 해결하실 수 있는 그분의 능력 가운데에 우리의 소망을 두기를 원하신다. 그분은 긍정적 미래를 창조하시며, 그분의 동행자로 우리를 초대하신다. 과거를 미래로 만들 필요는 없다.

어떤 문들이 오늘 당신에게 닫혀져 있다고 생각하는가? 당신은 과거보다 더 나은 미래로 나아가기 위해 희망의 열쇠를 어떻게 그 상황에 집어넣을 것인가? 당신의 생각을 나누고, 애정 어린 그리고 정직한 조언으로 당신을 격려하고 도와줄 성숙한 사람이 있는가?

8. 지혜의 모자

하나님께서는 우리에게 지혜롭게, 그리고 어리석지 않게 살 능력을 주셨다. 하나님께서는 우리에게 잠언 전체를 통해 지혜의 모자를 쓸 것을 말씀하신다. 하나님은 숨겨진 보물을 찾는 것처럼 지식과 명철을 구하라고 요구하신다(잠언 2:3-4). 지혜는 다양하고 많은 것을 포함하고 있다. 그러나 우리는 결과를 예상하는 것부터 결정을 내리기까지의 다양한 모든 과정의 지혜보다, 그것을 실행하려고 할 때에의 지혜를 중요하게 생각한다.

결과를 예상하는 지혜는, 단기적인 결정들을 신중하게 생각해 볼 것을 요구한다. 즉 우리는 맹목적으로 무언가를 하거나 충동적으로 결정하지 않아야 한다. 성경은 이것을 '슬기'라고 부른다. "어리석은 자는 온갖 말을 믿으나, 슬기로운 자는 그 행동을 삼가느니라"(잠언 14:15). 이것은 중고차를 구입하는 것, 관계를 형성하는 것, 직장을 바꾸는 것, 새로운 봉사활동에 동의하는 것, 신용 카드 빚이 늘어나는 것, 아니면 세일 기간 중에 당신에게 불필요한 무언가를 구입하는 것과 같은 모든 결정에 적용이 된다. 이번에 구입한 당신의 차가 부서지고, 상당한 수리비가 청구된 후에야, 당신은 차를 구입하기 전에 자동차 수리점에 먼저 가지고 갔어야 했다는 사실은 깨닫는다. 그런 신중함과 통찰력을 실천할 때, 우리는 자신의 삶과 미래를 책임 질 수 있다.

사역 초창기에, 우리는 새 교회들을 개척하고, 예배를 늘리면서, 재빠르게 교회를 확장했다. 우리는 교역자들의 결혼, 하나님과 우리 자신과의 관계, 많은 사람들에게 목회적인 관심을 쏟아야 하는 우리의 능력 등 많은 부분을 슬기롭게 생각하지 못했다. 그 결과 우리는 지킬 수 없는 약속들을 했고, 그 후 두려움과 긴장으로 인해 더 지혜롭지 못한 성급한 결정들을 했다. 우리가 속도를 좀 늦추고, 자신의 결정에 따른 가능한 결과들을 예측했더라면, 많은 어려움들과 실망감을 피할 수 있었을지도 모른다.

많은 사람들이 자신이 결정한 것이 가져온 결과를 신중하게 생각하지 않는다. 좋지 않은 것들을 발견함으로써 자신의 결정이 지혜롭지 못했다는 것을 알게 될 것에 대한 두려움 때문이다.

'지혜의 모자'는 일을 잠시 멈추고, 관련된 정보를 모으고, 그 후에, 그 문제에 대해 결정해야 할 권리와 책임이 있음을 말해준다. 과거에 당신이 했던 잘못된 결정들을 확인해 보라. 다시 결정하기를 원하는 것은 무엇인가? 후회하는 것은 무엇인가? 이 교훈들을 오늘 직면한 상황들 가운데 어떻게 적용할 것인가?

9. 용기의 배지

용기의 배지는 건강한 위험들에 도전하는 것을 도와준다. 이것은 우리를 향한 하나님의 불꽃같은 사랑 안에서 만들어진 도구이기 때문에 강력하다. 우리는 확정된 하나님의 사랑을 받고 있기 때문에 담대할 수 있다. 이로 인해 정서적으로 그리고 영적으로 성숙한 성인으로 성장하기 위한 위험하고, 힘든 그리고 불편에 도전할 수 있다.

개인의 자유를 붙들기 위해서는 용기와 믿음이 필요하다. 상황이 더 좋아지기 전에 그것들이 더 악화되지 않을 거란 보장도 없다. 건강하지 못한 습관을 바꾸려고 할 때, 그리고 당신의 잘못된 자아를 발견하기 시작할 때, 저항이 있음을 예상해야 한다. 당신은 지금 거짓, 환상, 위선으로 가득 찬 자신을 불에 태워버릴 뜨거운 용광로 속으로 들어가는 중이다. 진정한 삶을 선택하는 것은 쉬운 길을 선택한 것이 아니다. 즉, 이러한 결정들은 언제나 어렵고, 큰 고통을 수반한다. 문제는 당신이 선택한 고통이 '당신을 구원해 줄 고통인가?', 아니면, '당신을 파괴할 고통인가?'이다. '당신을 구원해 줄 고통'은, 옳은 것을 위해 죽을 것을 요구한다. 그래서 당신의 소명에 더 다가설 수 있도록 해 준다. '당신을 파괴할 고통'은 고통 이외에 어떤 것도 주지 않는다. 다시 말해, 그것은 단지 같은 문제가 계속 반복되도록 할 뿐이다.

'용기의 배지'를 다는 것은 '개인의 자유 도구 세트' 안에 있는 모든 도구들을 생각할 수 있도록 도와준다. 용기의 배지을 달고, 아래의 질문에 답하면서 각각의 도구들을 생각해 보라.

- ▶ **분리의 울타리** _ 경계의 어느 부분까지를 넘어오도록 허용해 줄 것인가?
- ▶ **선언의 목소리** _ 소리 내어 자신의 의견을 말하는 데 어려움을 느낄 때는 언제인가?
- ▶ **예 / 아니요 펜던트** _ '아니요'라고 말하기 어려운 사람은 누구인가?
- ▶ **감정의 심장** _ 당신이 외면하고 있는 감정은 어떤 것인가?
- ▶ **돌봄의 산소마스크** _ 당신의 어떤 부분을 돌보지 않는가?
- ▶ **대면의 거울** _ 외면하고 있는 진실은 무엇인가?
- ▶ **희망의 열쇠** _ 삶의 어떤 부분이 절대로 바뀌지 않을 것이라고 생각하는가?
- ▶ **지혜의 모자** _ 진지한 질문을 하지 않고 충동적으로 행동하는 것은 무엇인가?

▶ **용기의 배지** _ 이 도구들 중에, 가장 큰 용기가 필요한 것은 무엇인가?

우리가 비난하기를 중단하고, 하나님께서 주신 개인의 자유를 사용할 때, 우리의 무력감은 사라질 것이다. 우리는 다른 사람의 선택에 대해 책임질 수 없다는 것을 깨달아야 한다. 그것은 그들의 책임이다. 그러나 내 인생은 내가 책임질 수 있다. 또한 나만이 내 인생의 책임자이다.

이것은 우리가 어떻게 다른 사람들을 섬기며 돌봐야 하는지에 대한 물음으로 우리를 이끈다. 동시에 그들이 자신들의 짐을 스스로 질 수 있도록(갈라디아서 6:2,4) 도와주는 것으로 안내한다. 이제 우리는, 이어지는 도전, 과도한 업무를 중단하는 것에 대해 살펴볼 것이다.

6장

과도하게 일하는 것을 중단하라

맨 밑바닥에서
나오기

✚

진단 목록

✚

과도하게 일하는 것이 가져오는
치명적 결과들

✚

과도하게 일하는 것을
떨쳐 버리기

다른 사람들이 스스로 할 수 있고, 또 해야만 하는 것을 내가 대신할 때, 우리는 과도하게 일하게 된다. 과도하게 일하는 사람들은 자기 자신뿐 아니라, 다른 사람들의 성장도 방해한다. 또한 과도하게 일하는 사람은 우정, 결혼, 교회, 직장 그리고 가정을 치명적인 위험에 빠뜨린다. 난 이것을 잘 알고 있다. 나는 수년 동안 과도하게 일하는 사람이었다.

캐롤 린 피어슨이 쓴 '빨간 드레스'라는 한 편의 시는, 과도하게 일하는 것의 치명적인 결과를 잘 보여준다. 밀리의 어머니가 죽어갈 무렵, 옷장에 있는 그녀가 한 번도 입어보지 않은 아름다움 빨간 드레스가 눈에 들어왔다. 마지막 순간, 그녀는 이제야 비로소 깨달은 것들을 딸에게 말해 준다.

빨간 드레스

_캐롤 린 피어슨

엄마는 생각했단다,
좋은 여자는 절대 자신의 순서를 기다리지 않는다고,
그저 다른 사람들을 위해 살 뿐이라고.
이것을 해 줘, 저것을 해 줘,
이런 소리가 들려오면, 엄마는 언제나 그렇게 해 주었단다.
다른 사람들의 필요를 돌볼 뿐,
네 필요들은 끝없이 쌓여있는 고물더미 맨 밑바닥에 넣어 두었겠지?
그리고 아마도 언젠가 그것을 가질 수 있다고 생각하겠지.
그러나 너도 짐작하듯이, 너는 절대 그럴 수 없을 거야.
엄마는 일했단다.
네 아빠를 위해,
네 남동생을 위해,
네 여동생을 위해,
그리고 너를 위해

"넌 엄마가 할 수 있었던 모든 것들을 했었단다."

오, 밀리, 밀리, 그건 좋은 게 아니었어.
너를 위해, 그를 위해. 모르겠니?
나는 최악의 잘못을 네게 저질렀단다.
나는 아무것도 바라지 않았단다.
나 자신을 위해서는!

네 아빠는 의사의 말을 듣고 난 후,
고통스러워했단다.
그리고 내 침대로 와
엄마 앞에서
삶의 모든 희망을 잃고 절규했단다.
"당신은 죽을 수 없어,

내 말 들려? 앞으로 난 어떻게 될까?"
어려울 거야.
그래, 내가 죽고 나면.
네 아빠는, 너도 알다시피, 프라이팬조차 찾지 못했단다.

나는 지금, 네 남동생이
아내를 어떻게 대하는지 보고 있단다.
그 모습은 정말 역겹더구나, 그것을 가르쳐 준 사람이 바로 나였기 때문이었단다.
그는 나를 통해 여자는 주는 것 외에 다른 존재의 이유가 없다고 배웠지.
나에게 줄 아름다운 것을 사기 위해 시내를 갔던 기억은,
단 한 번도 없구나.

저 빨간 드레스를 샀던 작년을 제외하고는.

오, 밀리,
나는 언제나,
네가 이 세상에서 너를 위해 아무것도 가지지 않는다면,
다음 세상에서 그 모든 것을 갖게 될 것이라고 생각했단다.
그러나 이제 더 이상 그것을 믿지 않는단다.
주님께서는 우리가 갖기를 원하신다고 생각한단다.
지금, 그리고 여기서.

너무 오랫동안,
나는 내 차례를 지나쳐 버렸단다.
이제 거의 알지 못한단다.
나를 위한 것이 무엇인지
어떻게 가져야 하는지.

밀리,
나에게 그런 영광을 주겠니?
네가 나의 삶을 따르지 않을 영광.
그렇게 하겠다고,
나에게 약속해다오.[1]

밀리의 어머니는 삶의 마지막 순간에, 가족들도 그리고 자기 자신도, 그녀를 돌보지 않았음을 깨달았다. 자신의 영혼을 희생하면서 과도하게 일한 것이다. 그것은 그녀의 가족들이 성숙하게 성장하는 것을 방해했다. 그녀는 가족들이 스스로 할 수 있는 일, 또한 그렇게 해야만 할 일까지 모두 해 주었다. 삶의 마지막 순간, 그녀가 가진 것이라고는, 자신이 만들어 놓은 잘못된 결과에 대한 고통스러운 후회뿐이었다.

맨 밑바닥에서 나오기

밀리와 유사한 경험을 한 적이 있는가? 나는 있다. 나는 수년 동안, 나 자신을 '맨 밑바닥'에 두었다. 그리고 다른 모든 사람들을 위해 일했다. 딸들의 유일한 부모였으며, 집을 돌보는 사람이었다. 공과금을 냈고, 생일파티를 준비했고, 온 가족의 병원 진료 일정들을 확인했다. 청소를 했고, 요리를 했으며, 빨래와 장보는 것을 했다. 매주 교회 손님들을 대접했다. 나는 세 사람 수준의 일을 하면서, 슈퍼우먼처럼 살았다.

집에서의 피트는 무기력한 사람이었다. 직장에서 과도하게 일했기 때문이었다. 그는 교회에서 세 사람 몫의 일을 했다. 교회에서 그는 슈퍼맨이었다. 가정에서 생긴 그의 빈자리는 내가 채워야 할 공간이었다. 결국 나는 자신들을 위해 할 수 있고, 또 해야만 하는 많은 것들을 하는 피트와 딸들을 위해 일했다.

힘들고, 지쳐갔다. 그리고 화났다. 이것은 냉소와 불평으로 새어 나왔다. 그러나 나의 이런 불평은 우리 상황을 그렇게 변화시키지 못했다. 아이들을 위한 방과 후 축구교실에 갔을 피트는 여전히 통화 중이었다. 정서적으로 건강한 영성으로 향한 여행을 시작했을 때, 나의 이런 삶은 피트의 잘못이 아니라, 나의 잘못이었음을 알게 되었다. 만일 내가 피트가 집에서 무기력하게 있는 것을 그만두기를 원한다면, 나 역시 과도하게 일하는 것을 멈춰야 만 했다. 나는 피트가 남편으로서, 아버지로서 그리고 우리 가족의 일원으로서 무기력하게 행동하는 것을 더 이상 견딜 수 없었다. 만일 피트가 한걸음도 더 이상 나아가지 않는다면, 우리 딸은 더 이상 지역 축구팀에서 경기를 할 수 없었을 것이다. 만일 피트가 손님방을 준비하는 것을 원하지 않았다면, 손님을 더 이상 접대할 수 없었을 것이다. 피트가 집에서 무기력하게 있는 것을 허용한 것은 나 자신이었다.

다른 사람들이 스스로 할 수 있는 것들을 해 주는 것이, 우리를 과도하게 일하게 한다. 나는 우리 딸들의 유일한 부모가 되고 싶지 않다. 나는 우리 아이들의 감정적, 학문적, 신체적 그리고 영적인 필요에 대한 부담과 무게를 피트와 공평하게 가지길 원했다. 나는 우리 가족 모두가 청소와 빨래를 스스로 할 수 있다는 것을 깨달았다. 그리고 피트는 일주일에 두 번의 저녁식사는 책임질 수 있다.

그러나 이 모든 것은 원만하게 이루어지지 않았다. 우리 가족과, 그리고 특히 이탈리아계 미국인이셨던 시어머니는 나의 이런 바람을 격려해 주지 않았다. 단기적으로, 일주일 중 두 번의 저녁식사의 질은 현저하게 떨어졌다. 그러나 나는 저녁 여섯 시에 식탁에 음식이 있는 한 신경 쓰지 않았다.

음식을 준비하는 피트보다, 딸들의 원망이 더 컸다. "엄마가 요리를 해야지. 너무해요!" 페이스가 소리쳤다. "아빠 요리는 너무 끔찍해요. 배고파 죽겠다고요." 에바도 불평을 터뜨렸다. 아이들의 말이 옳았다. 그는 배워야 할 것이 많았다. 그러나 나는 확고하고 평온하게 나의 삶의 균형을 이루기로 결정한 상태였다.

초기의 불만에도 불구하고, 피트는 자신이 자녀를 함께 양육하는 것을 얼마나 좋아하는지 깨닫게 되었다. 피트는 자신이 교회에서 일해오던 방식을 바꾸었다. 그는 더 이상 가정에서 자신의 책임들을 고려하지 않은 채, 새로운 일을 시작하지 않는다.

피트는 교회에서 자신의 우선순위들을 다시 정리했고, 설령 일부 사람들을 실망하게 할지라도 자신의 새로운 업무들로 인해서 가족과 결혼생활에 영향을 준다면, "아니오"라고 말하는 법을 배웠다. 흥미롭게도, 그가 이러한 변화를 결정하고, 실행했을 때, 교회는 더 성장하고, 더 많은 사람들로 넘쳐났다.

진단 목록

다시 한번 말하면, 과도하게 일한다는 것은 다른 사람들이 자신들을 위해서 할 수 있고 또 해야만 하는 일을, 그들을 대신해서 하는 것을 말한다. 과도하게 일하는 것은 나쁜 습관 그 이상이다. 이것은 당신이 자란 가족들까지 세심하게 추적하여 살펴봐야 할, 깊은 뿌리를 지닌 잡초와 같다. 그리고 이 잡초의 가시달린 뿌리들은 우리의 결혼생활, 아이들과의 생활, 교회생활, 그리고 우정에도 영향을 미친다.

과도하게 일하는 것은, 전부 혹은 아무것도 아닌, 양 끝에 위치한 상태가 아니다. 이것은 가벼운 상태에서 심각한 상태에 이르기까지의 연속체로 존재한다. 당신이 이 연속체 중 어떤 상태에 있는지를 알기위해 아래의 진단 목록을 사용해 보라. 아래 진술 중에, 당신에게 해당하는 말이 있다면, 빈칸에 표시해 보라.

- 나는 일반적으로 옳게 일하는 방법을 알고 있다.
- 나는 다른 사람들이 실수하지 않도록, 신속하게 충고하거나 바로잡아 준다.
- 나는 다른 사람들이 자신들의 문제로 씨름하는 것을 허락하지 않는다.
- 결국, 내가 일하는 것이 가장 쉽고 편하다.
- 나는 다른 사람들이 나만큼 일을 잘 할 것이라고 믿지 않는다.
- 나는 이미 많은 일을 하고 있더라도, 자주 다른 사람이 요청하는 일을 수락한다.

- 평지풍파를 일으키기 싫다. 그래서 다른 사람들의 실수를 덮어준다.
- 사람들은 나를 '안정적인 사람', 그리고 언제나 '함께 하는 사람'으로 묘사한다.
- 나는 다른 사람에게 부담을 주고 싶지 않기 때문에, 부탁하는 것을 싫어한다.
- 나는 사람들에게 필요한 사람이 되는 것이 좋다.

서너 개 이상의 진술에 표시했다면, 당신은 어쩌면 과도하게 일하고 있는 중일 수도 있다. 일곱 개 이상 표시했다면, 과도하게 일하는 사람들의 기본적 현상을 보이고 있다. 여덟 개 이상에 표시했다면, 당신은 과도하게 일하고 있다.

과도하게 일하는 것이 가져오는 치명적 결과들

과도하게 일하기 때문에 당신과 다른 사람들이 받은 상처를 세어 보는 것이 쉽고 흥미롭게 느껴질 수도 있겠지만, 그것은 절대로 작은 문제가 아니다. 여기 과도하게 일하기 때문에 생기는 치명적 문제들이 있다.[2]

1. 과도하게 일하는 것은 분노하게 한다

누가복음 10장에 나오는 마리아와 마르다의 이야기를 기억할 것이다. 마르다는 예수님과 그의 열두제자라는 특별한 손님들을 위한 식사 준비에 매여 있었다. 마르다는 이를 위해 최소한 곡식을 모으거나 시장 다녀오기, 큰 식탁 준비하기, 음식 준비하기, 매트와 탁자를 빌려오기, 이웃에게 접시 빌려오기, 집안 청소하기, 가벼운 배경음악을 위해 연주자들을 고용하기, 준비된 식사 운반하기, 식탁 치우기, 마지막으로 가장 중요할 수 있는, 이 모든 것이 완벽한지 확인하기의 일을 해야 했다. 하지만, 준비가 잘 진행되고 있는 도중, 마르다는 화를 냈고 분노했다. 특별히 예수님의 일행들과 앉아서 대화하며 즐거운 시간을 보내고 있는, 그녀의 여동생 마리아를 원망했다. 마르다는 너무 화가 난 나머지 예수님과 즐거운 시간을 보낼 수 없었다.

마르다는 홀로 과도한 일을 하고 있었다. 그러나 이 사실은 다른 사람의 필요를 살핀다는 중요하고 의미 있어 보이는 구실 가운데 감추어져 있다. 그러나 너무 많은 것을 하려는 마르다의 애씀은 자기 자신 뿐 아니라, 예수님을 포함한 손님들을 환영하고 섬기려 했던 자신의 중요한 본래 목적도 잃어버리게 했다. 마르다는 누군가에게 관심을 주는 것과 그 사람을 책임지는 것을 혼동하고 있다.

내가 인정하고 싶은 것 이상으로 나와 마르다는 유사하다. 크리스천으로 살았던 삶 대부분을, 하나님께서 나에게 주신 것과 다른 책임을 가지며 살았다. 이것은 다음과 같은 것들을 모두 포함한다. 다른 사람들의 아이들 돌보기, 피트가 스스로 할 수 있을 때에도 그의 셔츠 다림질 해 주기, 그리고 언제나 다른 사람들의 위기 상황을 도와줄 수 있는 상태로 준비하고 있기.

한번은 피트가 두 명의 유명한 크리스천 지도자들을 집으로 초대했다. 다른 때처럼 열심히 준비했다. 집을 완벽하게 정리하고, 힘에 부치도록 정성껏 식사를 마련했다. 이틀 전부터 조개로 스프를 만들고, 치즈가 들어있는 빵과 나의 야심작 초콜릿 케이크를 준비했다. 이 모든 것을 아이를 업고, 내 다리를 끌어당기는 걸음마 중인 아이를 달래며 해냈다.

슬프게도 나는 이러한 것들이 초대한 사람들에 대한 관심의 표현이라고 생각했다. 그러나 마르다처럼, 지치고, 힘들고, 짜증났다. "힘들고 지쳤어요." 나는 불평을 터뜨렸다. "누가 좀 도와줘요!"

피트의 점심 손님들 중 한 명이 자신은 배가 고프지 않다는 말과 함께 자신의 접시를 밀어놓았을 때, 나는 충격에 휩싸였다. "어떻게 내 힘든 작업에 감사하지 않을 수 있는 거죠?" 피트를 향해 따져 물었다.

내가 과도하게 일하지 않고서도 사람들에게 관심을 가질 수 있다는 것을 깨달은 것은 몇 년의 시간이 흐른 뒤였다. 저녁식사를 위해 손님을 초대했던 어느 날, 나와 피트 그리고 손님들은 완벽하게 정리되지 않은 집에서, 지칠 정도까지 애써 만들지 않은 저녁과 후식을 함께 먹었다.

저녁 식사 후에 우리는 커피와 함께 거실에 자리를 잡았다. 나는 내게 아직 남아있는, 아니 넘치는 에너지를 가지고, 우리 손님인 동료 목사가 쏟아내는 마음의 소리를 집중하여 들었다. 주님의 임재를 느꼈던 것을 지금도 기억한다. 저녁을 먹고 난 접시들이 싱크대에 쌓여 있어도 내버려 두었다. 나는 정말로 나 자신과 피트와 그리고 우리 손님과 함께 할 수 있었다. 나는 마르다를 향한 예수님의 놀라운 초대를 회상했다.

"마르다야 마르다야 네가 많은 일로 염려하고 근심하나 몇 가지만 하든지 혹은 한 가지만이라도 족하니라. 마리아는 이 좋은 편을 택하였으니 빼앗기지 아니하리라" (누가복음 10:41-42)

그리고 나는 이 초대가 나를 위한 것이기도 하다는 것을 깨닫기 시작했다.

2. 과도하게 일하는 것은 성장을 방해한다

모세는 과도하게 일하는 지도자였다. 자신의 희생이 다른 사람들을 돕는 것이라고 잘못 믿었다. 모세는 밤낮으로 자신들 사이에 일어난 끝없는 논쟁을 해결하려고 모인 사람들 앞에 섰다. 모세는 불만으로 가득 찬 사람들이 그들의 문제를 해결하기 위해 모인, 끝이 보이지 않는 긴 줄 앞에 앉아 있었다. 너무 힘들고 지쳐 있었다. 그는 더 나은 방법이 있을 것이라고 생각하지 못했다. 그것을 봤던 장인이 모세의 문제를 정확하게 지적했다.

"모세의 장인이 그에게 이르되 네가 하는 것이 옳지 못하도다 너와 또 너와 함께 한 이 백성이 필경 기력이 쇠하리니 이 일이 네게 너무 중함이라 네가 혼자 할 수 없으리라"(출애굽기 18:17-18)

모세가 장인의 충고를 받아들여 재판관들을 세워 대부분의 논쟁들을 듣도록 지정했을 때, 그의 삶은 극적으로 바뀌었다. 모세가 다른 사람들에게 법적인 책임을 맡도록 허락할 때까지 모세는 백성들의 건강한 성장과 성숙을 방해하는 가장 큰 장애물이었다.

그러나 오래된 습관은 쉽게 사라지지 않는다. 민수기 11장은 이스라엘 백성들이 모세에게 음식공급에 대해 불평하며 비난할 때, 모세의 오래된 습관이 다시 나타나는 모습을 소개한다. 사람들은 자신들의 고통을 벗어버리기 위해, 하나님의 약속을 신뢰하고 하나님을 의지하기 보다는 모세를 찾았다. 사람들은 문제에 대한 모든 책임을 모세에게 전적으로 묻고, 불평하고, 비난했다. 그리고 모세는 사람들이 부여한 슈퍼히어로의 역할을 쉽게 받아들였다. 그리고 모세는 다시, 그 사람들을 전적으로 책임지려고 했다. 불행하게도 그렇게 함으로써 모세는 자기 파괴적인 행동을 하게 되었을 뿐만 아니라, 백성들이 미숙한 행동을 계속하게 만들었다.

모세가 자신에게 해야 할 질문과 오늘날 우리가 우리 자신에게 물어야 하는 것은 같은 것이다. 다음과 같은 행동을 하는 것이 진정한 사랑일지 생각해 보라.

- ▶ 우리는 자녀들에게 나이에 맞는 적절한 책임을 질 것을 요구하지 않는다. 자녀들과 힘든 씨름을 하거나 불필요한 논쟁을 하길 원하지 않기 때문이다.
- ▶ 우리는 사랑하는 사람들이 성장과 성취를 위해 마땅히 겪고 견뎌야 할 건강한 위험에 다가가게 하지 않는다. 그것을 통해 사람들이 불안정한 감정을 느끼길 원하지 않기 때문이다.
- ▶ 우리는 성공적인 소그룹 또는 공동체를 위해 필요한 모든 것을 혼자 책임진다. 자신의 집을 모임 장소로 제공하기, 자료 준비하기, 그룹모임 인도하기, 간식 제공하기, 청소하기, 새로운 회원을 모집하고 교육하기, 기도하기, 공동체 일원들의 특별한 요구 들어주기, 소그룹 외부행사 계획하기, 그리고 차기 지도자 교육하기와 같은 것들을 혼자 한다. 결코, 다른 사람에게 함께하자고 권유하지 않는다.
- ▶ 우리는 교회를 소수의 사람들이 다수를 위해 막중한 책임을 감수해야 하는, 관중들이 많은 운동경기장으로 만들었다.

과도하게 일하는 것이, 우리 귀에 속삭이는 거짓말이 바로 이것이다. "당신만이 모든 것을 해낼 수 있다.", "당신이 멈춘다면 모든 것이 엉망이 될 것이다." 그러나 이것은 사실이 아니다. 오히려 그 반대이다. 우리가 점점 더 과도하게 일을 하면 할수록, 다른 사람들은 변화의 기회와 동기를 점점 더 잃어갈 것이다. 우리가 다른 사람들의 일까지 다 해버리면, 그리고 그것을 멈추지 않는다면, 그 사람들은 여전히 미성숙한 상태로 남을 것이라고 확신한다. 그러나 우리가 만일 과도하게 일하는 방식들을 버린다면, 하나님의 능력이 나 자신과, 그 사람들 가운데 더 풍성하게 나타날 것이다.

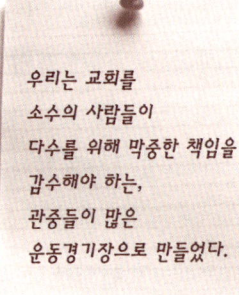

우리는 교회를 소수의 사람들이 다수를 위해 막중한 책임을 감수해야 하는, 관중들이 많은 운동경기장으로 만들었다.

할 일을 잘해내지 못하는 사람이나 무기력한 사람들에 대한 책임감을 느낀다면, 그들을 고쳐 주기위해 간섭하려는 것을 멈춰야 한다. 삶의 어떤 분야에서든지 성장이라는 것은, 경제적인 것이든, 영적인 것이든, 감정적인 것이든 아니면 관계와 관련된 것이든, 언제나 도전적이다. 대부분의 무기력한 사람들은 쉽게 첫발을 떼지 못한다. 왜냐하면, 그동안 그들이 받은 혜택들은 정말 만족스러운 것들이었기 때문이다. 적어도, 단기적 측면에서 볼 때에는 다른 누군가가 의무를 대신 지고 책임을 감수해 주고 있기 때문에 그들은 그런 부담을 가질 필요가 없다. 무기력한 사람들이 자신들의 도전적 과제를 성취하게 하기 위해서는 그들이 할 수 있고, 또 해야만 하는 일을 대신해 주었던 사람들이 먼저 그것을 멈추어야 한다. 이것은 처음에는 가혹해 보일지도 모른다. 그러나 이것이 진짜 사랑이다.

3. 과도하게 일하는 것은 소명에 집중하지 못하게 한다

주님께서는 삶의 끝에서 "아버지께서 내게 하라고 주신 일을 내가 이루어 아버지를 이 세상에서 영화롭게 하였사오니"(요한복음 17:4)라고 말씀하셨다. 만일 우리가 과도하게 일하는 사람이라면, 우리 인생의 마지막 순간에 주님과 같은 말을 할 수 있을지 의심스럽다. 하나님께서는 지상에서의 짧은 그리스도의 삶을 위한 계획을 가지고 계셨으며, 나와 당신의 삶을 위한 계획도 가지고 계신다. 그렇지만 우리가 만일 다른 사람들에게 지나치게 많이 집중한다면, 우리를 향한 하나님의 특별한 부르심을 놓치거나, 다른 길로 빠지기 쉬울 것이다.

우리가 사람들을 섬기는 것에 과도하게 매진할 때, 정작 자신을 위해서는 무기력해지기 쉽다. 모세에게 일어났던 것처럼 우리는 자신의 가치, 신념 그리고 목표를 잃어버린다. 모세는 백성들의 문제에 너무나 집착한 나머지 자신의 삶의 목적에 초점을 맞추지 못할 정도로 소진해 버렸다.

만일 모세가 이드로의 말을 듣지 않고 과도하게 일하는 것을 중단하지 않았다면, 모세와 이스라엘 백성들에게 어떤 일이 일어났을지 생각해 볼 필요가 있다. 만일 모세가 사람들의 모든 문제를 자신만이 해결할 수 있다고 믿었다면, 약속의 땅으로 사람들을 인도하라는 그의 인생의 소명을 성취할 수 있었을까? 모세처럼 우리도 다른 사람들에게 관심을 베풀기 위한 우리의 노력이 정말 그들에게 도움을 주는 것인지, 아니면 오히려 해를 입히는 것인지를 분별해야 한다. 그러나 불행히도 우리는 이런 분별이 어려운 많은 상황에 처한다.

매우 활발하게 일하는 교회 지도자의 아내이자, 네 명의 자녀를 둔 부모인 나는 과도하게 일하고 싶은 유혹을 이겨내는 것이 얼마나 어려운 것인가를 자주 느낀다. 나는 정기적으로 스스로에게 질문하곤 한다. "난 지금 하나님께서 나에게 주신 삶에 충실한가? 아내, 엄마의 역할을 나만의 열정, 재능, 그리고 나의 한계와 통합하여 일함으로, 가정생활과 사역의 요구에 침식되지 않고, 나의 삶을 향한 하나님의 부르심에 집중하고 있는가?"

피트와 나는 수년간 함께 사역을 해왔다. 대부분의 사역이 즐거운 것이었지만, 어떤 경우는 나의 개인적인 목표와 맞지 않을 때도 있었다. 하나님께서 피트에게 요구한 모든 것들을 내가 하려고 했을 때는 지치고 불평이 많았다. 그것은 하나님께서 나에게 요구하신 일이 아니었다. 잠시, 몇 분 동안 자신의 삶에 대해 생각해 보라. 당신은 타인의 삶에 집중하는데 너무 바쁜 나머지, 정작 자신의 필요와 목적에 대한 초점을 잃어버리진 않았는가? 자녀, 배우자, 친구, 친척 또는 직장동료를 위해서 무언가를 하는 도중, 정기적으로 다음과 같은 질문들을 스스로에게 해 보라.

- 이 상황에 있기를 원하는가?
- 자신의 가치를 느끼며 살고 있는가?
- 이것은 하나님께서 나에게 요구하신 일인가?
- 하고 싶지 않은 일은 무엇인가?
- 원치 않았던 일을 한 결과는 무엇인가?
- 하고 싶은 일들 중 어떤 일을 하지 않고 있는가?
- 주고 싶지 않고 것 중 어떤 것을 주고 있는가?
- 사람들이 스스로 할 수 있고, 또 해야만 하는 일을 내가 대신해서 하고 있는 중인가?
- 다른 사람들을 대신해서 과도하게 일하는 것을 중단한다면, 그 시간에 무엇을 하길 원하는가?

이것들은 어렵고, 도전적인 질문들이다. 우리는 결혼, 가족 그리고 직장에 대한 책임을 갖고 살아간다. 이러한 제한 속에서 살아가는 것은 많은 생각과 계획을 필요로 한다. 어떤 일을 결정하기 전에 반드시 다른 사람과 상의해야 할 일도 있다. 일주일에 몇 번은 잠자리에 들기 전에 한 시간 반 정도 책을 읽겠다는 계획 정도는 혼자 간단하게 결정하면 되지만, 3일 정도 휴가를 다녀오길 원한다면, 이것은 반드시 피트와 상의해야 할 일이다. 왜냐하면 이런 결정이 피트와 우리 아이들의 생활, 그리고 우리의 재정에 영향을 주기 때문이다.

쉽지 않은 일이지만, 하나님께서 당신에게 주신 삶에 더 집중하기 위해서 변화할 수 있고, 잘라낼 수 있고, 추가할 수 있는 것들이 있다. 그러기 위해서는 가족이나 공동체 일원들과 열린 마음으로 명확한 의사소통을 하는 것이 필요하다. 무엇보다 당신 자신의 삶의 목표와 방향에 집중해야 한다.

4. 과도하게 일하는 것은 영적 삶을 약화시킨다

마르다는 과도하게 일했고, 곧 한계에 도달했다. 그 즈음에, 마르다는 예수님께 요청한다. "저를 명하사 나를 도와주라 하소서"(누가복음 10:40). 마르다는 과도하게 일하므로, 주님의 사랑을 경험하지 못했다. 마르다는 그녀의 여동생, 마리아가 지금 해야만 하는 일은 자신을 도와주는 일이라고 생각했다. 마르다가 무엇을 해야 하는지에 대해서 예수님보다 더 잘 알고 있다고 믿었다.

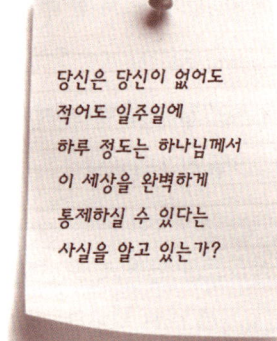

당신은 당신이 없어도 적어도 일주일에 하루 정도는 하나님께서 이 세상을 완벽하게 통제하실 수 있다는 사실을 알고 있는가?

그리스도만이 유일한 구원자시다. 우리는 그의 사랑을 믿고, 복종하도록 부름을 받았다. 우리가 하나님을 대신해서 그의 세계를 움직이는 책임을 지려고 할 때, 우리는 우리의 선을 넘어 위험한 영역에 들어가게 된다. 우리 조상 아담과 하와의 반역에 참여하게 된다.

하는 일을 멈출, 그리고 하나님과 함께 할 시간이 없을 때, 나는 내가 과도하게 일하고 있다는 것을 안다. 이럴 때 나는 안식일 지키기, 침묵과 같은 묵상하기로 과도하게 일하고 싶은 유혹을 이겨낸다. 과도하게 일하려는 나의 성향 때문에 이것은 쉬운 일이 아니다. 그러나 나는 금요일 저녁 여섯 시까지 모든 이메일을 다 보내고, 컴퓨터를 끄고, 세탁물들을 갠다. 그리고 돌아오는 주일에 필요한 모든 교회업무들을 완료한다. 안식의 시간을 분명하게 하기 위해, 상징적으로 전등을 끄고, "좋아요. 하나님, 전 이제 휴식이에요. 다음 24시간을 책임져 주세요."라고 기도한다.

내 안의 무언가가 변했다. 실제로 나는 다음 24시간 동안 그 무엇도 할 필요가 없다는 편안한 숨을 내쉰다. 나는 정말로 하나님께서 온 세상을 통제하시도록 맡겼다. 나는 완전히 자유였다.

당신은 어떠한가? 당신은 당신이 없어도 적어도 일주일에 하루 정도는 하나님께서 이 세상을 완벽하게 통제하실 수 있다는 사실을 알고 있는가? 이 때문에 일주일에 하루는 멈춰서 쉬라는 주님의 초대를 받아들일 수 있는가? 아니면, 당신은 과도하게 일하지 않으면, 그리스도와의 관계를 망치게 될 것이라고 생각하는 마르다의 생각에 참여할 것인가? 하나님의 주권을 믿는다면, 과도하게 일하려는 유혹을 이기고, 그 분의 능력 아래 휴식하라.

  하나님께서는 우리가 과도하게 일하는 것과, 무기력한 것, 모두를 원하지 않으신다. 무엇보다, 하나님께서는 우리가 다른 사람들을 과도하게 책임지기 보다는, 우리 자신의 삶을 책임지기를 원하신다.

5. 과도하게 일하는 것은 공동체를 파괴한다

  모세와 마르다의 이야기는 과도하게 일하는 것이 공동체에 어떤 부정적 영향을 끼치는지를 보여주는 좋은 예이다. 민수기 11장에는 사람들이 만나만 먹어야 하는 것에 대해 모세에게 불평하는 장면이 묘사된다. 모세는 사람들의 불평과 비난 때문에 힘들고 지쳤다. 그리고 하나님께 간청한다. "즉시 나를 죽여 나로 나의 곤고함을 보지 않게 하옵소서"(민수기 11:15). 모세의 공동체는 상황이 좋지 않았다. 마르다는 어떤가? 마르다는 예수님과 만찬을 나누는 즐거운 시간에 참여하지 못했다. 마르다도 예수님과의 저녁식사 손님 중 한 명이었다. 그러나 마르다는 화를 내며 방 주위를 쿵쿵거리며 걸어 다녔다. 그리고 작은 목소리로 불평했다. 그녀의 여동생으로 인해 마음이 불편했다. 모두 함께 행복해야 할 그 시간에 말이다.

  만일 당신의 배우자와 아이들은 지나치게 일을 하지 않고, 당신만이 지나치게 일하고 있다면, 그것은 당신 가정을 향한 하나님의 본래의 뜻을 왜곡하는 것이다. 공동체 안에서, 각 사람들이 하나님의 계획하심에 따라 적합하게 일 할 때, 그들은 "사랑과 희락과 화평과 오래 참음과 자비와 양선과 충성과 온유와 절제"(갈라디아서 5:22-23)로 표현되는 관계와 진리 안에 거하게 된다. 그러나 지나치게 일하는 것과, 지나치게 일하지 않는 것이 함께 존재한다면, 그 관계에는 불화, 갈등, 비난, 불행, 분노 그리고 좌절이 나타난다. 에드 프리드만은 과도하게 일하는 것이 주는 부정적 영향을 다음과 같이 지적했다. "누군가 다른 사람의 공간에서 과도하게 일할 때, 그것이 그 사람의 존재를 분열시킨다."[3] '분열'은 흥미로운 단어이다. '분열'은 하나님께서 개인에게 주신 자기감정의 성장과 성숙을 심각하게 억제하기 때문이다. 실제로 과도하게 일하는 사람들은 자신들이 다른 사람들과 모두를 위한 최선의 방법이 무엇인지를 잘 알고 있다고 믿는다. 그러면서 그들은 다른 사람들의 발전을 침해하고 제한한다.

14살 된 아이가 해야 할 결정을 부모가 대신 할 때에도, 이런 침해가 일어난다. 부모는 자녀를 세상으로부터 보호하고, 성공적 인생을 살게 할 방법을 자신이 다 알고 있다고 생각한다. 부모는 자녀의 여가시간을 계획하고, 과외활동을 선택하며, 옷을 골라주고 그리고 어쩌면 친구관계까지 조정할 것이다. 부모의 이런 행동이 자녀가 편안하게 성인이 되게 해 줄지는 모르지만, 그의 정서적 그리고 재정적 상태를 돕지는 못한다. 고용주가 직원들이 그들의 문제에 직접 맞닥뜨리는 것을 허용하지 않고, 문제가 발생할 때 마다 자신이 모든 문제를 직접 해결하는 것은, 직원들의 진취성이나 창조성을 제한하는 것이다. 교회 지도자와 구성원들이 자신의 한계와 약점을 인정하지 않고, 다른 사람들을 위해 준비된 일을 포함한 모든 일들을 과도하게 한다면, 그것은 다른 사람들을 더욱 더 무기력하게 만드는 것이다.

건강한 공동체는 각 개인들에게 그들의 은사, 능력, 나이에 따른 적절한 책임을 요구한다. 무기력한 사람들은 책임을 감당하기 위한 결단과 행동을 쉽게 실행하지 못할 것이다. 따라서 과도하게 일하는 사람들이 먼저 문제에 직면해야 한다. 지나치게 일하는 사람들이 무기력한 사람들을 더 책임감 있는 사람들로 변화시키지 못할 수도 있다. 그러나 과도하게 일하는 사람들이 책임을 덜 질 수는 있다.

당신 공동체에서 당신이 과도하게 일하는 사람이라면, 당신은 당신이 해야만 한다고 믿는 일과 당신의 책임이라고 믿는 것들을 조금 내려놓을 수 있다. 이것이 당신 공동체가 건강하지 못한 방법으로 다른 사람을 도와주고 건져주는 일에서 멀어지게 하는 것이다. 이것이 당신 공동체의 구성원들이 덜 좌절하고, 덜 지치고, 덜 분노하게 만드는 것이다. 이것이 모든 구성원들에게 감정적 성숙을 위한 여정을 시작할 수 있는 가능성을 열어줄 것이다.

과도하게 일하는 것을 떨쳐 버리기

과도하게 일하는 것을 중단하는 것은 절대 쉬운 일이 아니다. 우리가 만든 관계의 패턴들은 대부분 매우 고정적이고 오래 지속된다. 우리는 과도하게 일하는 가족들 속에서 지속적인 영향을 받으며 자랐다. 따라서 과도하게 일하는 것을 떨쳐 버리기 위해서는 그동안 받은 영향에 대한 저항이 자신의 안과 밖의 모든 곳에서 이루어져야 한다.

우리는 도움이 되는 사람이 되고 싶다는 생각만 할 뿐, 우리가 가진 문제는 잘 인식하지 못하는 경향이 있다. 변화는 근본적으로 어려운 것이고, 긴장을 야기하는 것이다. 당신이 과도하게 일하는 것을 멈추고, 평온한 상태를 유지하기 위해서는 다음의 네 가지 과정에 참여해야 한다. 각 과정은 우리가 하나님과 다른 사람들 그리고 자신과의 관계가 더 깊고 성숙한 단계로 발전될 수 있도록 해 준다.

1. 당신이 과도하게 일하고 있다는 것을 인정하라

과도하게 일하는 것은 다양한 모습과 형태로 존재한다. 이것은 배우자가 할 수 있는 셔츠의 단추를 꿰매는 것에서부터 성인이 된 자녀에게 지속적으로 경제적 도움을 주는 것에 이르기까지 다양하다. 당신은 자신이 과도하게 일하는지를 알 수 있는 경고 신호를 가질 필요가 있다. 그 중 하나가 내게 요구되는 일을 하지 않는다면,

모든 것이 무너질 것이라고 믿기 시작하는 것이다.

아이들이 어렸을 때, 나는 집에만 머물러 있었다. 그러나 아이들이 학교에 들어가고 나서, 파트타임 일을 시작할 수 있었다. 정말로 하고 싶은 일이었던 지역 YMCA에서 레크리에이션 일을 해야겠다고 생각했을 때, 곧바로 몇 가지 장애물들이 떠올랐다.

시간은 일주일에 3일, 오후 세 시에서 여섯 시까지였다. 이미 스트레스를 많이 받고 있는 남편의 삶을 혼란스럽게 할 수는 없었다. 내가 이 일을 한다면, 피트는 딸들을 학교에서 데려오기 위해 피트의 일정을 조정해야만 한다. 또 딸들을 방과 후 활동 장소에 데려다 주어야 하고, 그리고 저녁을 준비해야 할 것이다. 나는 피트가 이것들을 할 수 있다는 것을 알았지만, 일주일에 3일씩이나 이 일들을 할 수 있을지는 확신할 수 없었다. 그렇다고 아이들의 오후 일과를 중단시킬 수도 없었다.

온갖 생각이 머리를 가득 채웠다.

- "나같이 아이들을 돌봐줄 수 있는 사람은 없어!"
- "피트의 삶이 엉망이 될 거야. 그리고 피트는 스트레스를 받아 폭발하겠지."
- "아이들이 고생을 할 테고, 모든 것이 혼란스러워 질 거야. 피트는 늦게 귀가할 테고, 아이들은 긴장하게 되겠지."
- "내가 이것을 한다면, 모든 것이 무너질 거야."

번개 치듯 떠오른 마지막 생각이 나를 현실로 돌아오게 했다. 그러나 곧, 내가 과도하게 가정일을 하고 있다는 것을 알아차렸다. 나는 결과와 상관없이 이 일이 나에게 필요하다는 것을 알았다. 피트와 아이들은 적응이 필요했다. 이것은 내가 과도하게 일하는 것을 멈출 수 있는 기회였다.

다음과 같은 생각을 한다면, 과도하게 일하는 경계선에 들어서고 있음을 당신도 알 것이다. "내가 하지 않으면 크리스마스에 가족 파티를 할 수 없을 거야.", "내가 이 일을 제대로 할 수 있는 유일한 사람이야.", "내가 하는 게 훨씬 쉬울 거 같아.", "일을 더 부탁하면, 그들이 어떤 반응을 보일지 걱정이야." 그리고 이러한 깨달음이야말로 당신으로 하여금 '지진을 일으키라'는 다음단계를 준비할 수 있게 한다.

2. 지진을 일으키라

관계 체계에 변화를 도입하려는 것은 지진을 일으키는 것과 같다. 이것은 모든 것, 그리고 모든 사람들을 마비시키고, 오랫동안 유지되어 온 체계를 무너뜨릴 수도 있다. 그러나 이러한 변화는 당신의 높은 가치를 다시 발견하고, 요구하고, 실행하는 것과 같다. 당신은 이제 자신이 과도하게 일하고 있음을 인정하고 현 상황을 흔들어 놓을 준비를 한다. 관계형성의 규칙이 방금 변했다. 모든 것이 더 이상 예전과 같지 않다. 이것은 다른 사람에게 '그들이' 할 일

을 말하는 것이 아니다. 이것은 다른
사람에게 '당신'이 무엇을 할지, 또는
하지 않을지를 말하는 것이다.

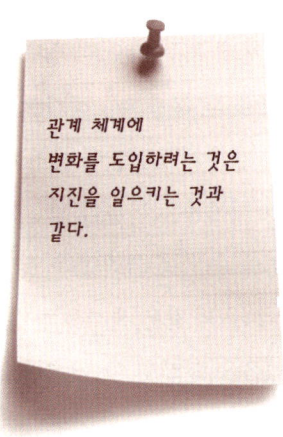

관계 체계에 변화를 도입하려는 것은 지진을 일으키는 것과 같다.

관계에서 균형이 바뀌는 일 보다
더 많은 긴장을 불러일으키는 것도
거의 없을 것이다. 긴장이 증가하면
무기력한 사람들은, 건강하지는 않았
지만 적어도 이런 긴장이 발생되지
않았던, 최초의 균형 상태를 다시 만들기 위해 노력한다. 이것은 가야할 방향과 반대방향이다. 관계의 균형이 변화되는 순간이야 말로, 관련된 모든 사람이 자신들의 한계를 넘어 그리스도 안에서 정서적 그리고 영적인 성숙기로 나갈 수 있는 가장 큰 가능성을 가질 수 있는 시기다.

지진의 크기는 관련된 사람들의 성숙의 단계, 관계의 역사, 그리고 필요하다면 외부의 도움도 받을 것인지 등에 따라 다르다. 그러나 아주 작은 무언가라도 처음으로 과도하게 일하는 것을 중단하려 한다면, 그 순간, 엄청난 변화를 느낄 것이다.

YMCA에서 일해야겠다는 생각을 한 후, 나는 피트에게 이 일과 내가 얼마나 이일을 하고 싶은지에 대해 이야기했다. 나는 그가 자신의 중요한 삶을 방해받고 싶지 않다고 말할 것이라 생각했다. 그렇다면, 나는 아이들을 돌봐줄 다른 사람을 찾을 생각이었다. 하지만, 다행스럽게도, 비록 마지못해서였지만, 피트는 내가 이 일을 하기 위해 필요한 변화에 동의해 주었다.

우리는 그날 밤 아이들에게 앞으로 있을 변화에 대해 말했다. 그들은 내가 예상했던 것 이상의 불평을 했다. "아빠는 우리를 데리러 오는 것을 잊어버릴 거예요. 축구연습 시간에 맞춰서 가지 못할 거예요." 피트는 바쁜 사람이라고 인식되어 있는 아이들의 이런 걱정은 정당해 보였다.

"아빠는 항상 통화 중이에요.", "아빠는 엄마처럼 우리를 어떻게 돌봐줘야 하는지도 모른다고요." 아이들은 계속 불평했다.

이 당시에는 나도 피트가 잘해낼지 확신이 없었다.

그러나 나는 내 의심들을 밀어내버렸다.

3. 혼란에 대비하라

우리가 행동하고 생활해오던 옛날 방식들을 구별하고 포기할 때, 우리 가까이에 있는 사람들에게 나타날 반응은 예측가능하다. "되돌려놔" 혹은 "당신은 감히 이럴 수 없어"라는 말을 들을 수 있다. 혼란이란 관계체계가 지금 운영되고 있는 방법이 아닌 예측할 수 없는 방법으로 운영될 것이라는 뜻이다. 나는 아직까지 주위에 단 한 사람도 화를 내는 경우 없이 과도하게 일하는 것을 중단하고, 그리스도 안에서 진정한 자아를 발견함으로서 자신 가운데 변화를 만든 사람을 보지 못했다.

나는 내가 YMCA에서 일하기 시작했을 때, 우리 가족 관계에 어떤 일이 일어날지 알지 못했다. 나는 그 알지 못하는 것에 대비했다. 불편함을 인내하는 것과 이일을 하는 것이 나에게 왜 중요한지 인식하는 것이 나에게 중요하다는 것을 알고 있었다. 나의 결정은 10년 동안이나 견고하게 유지되어 왔던, 결혼생활의 패턴을 바꾸어 놓았다. 이것이 좋은 결정이라는 것을 알았지만, 죄책감을 떨쳐 버릴 수가 없었다.

새 직장에서의 첫 몇 주간 동안은, 매일 오후 세 시만 되면 '피트가 아이들을 데리러 가는 것을 기억하고 있을까?'를 걱정하며 긴장했다. 아이들이 학교 운동장에서 오도 가도 못하고 있는 모습을 상상했다. '지금 무슨 생각을 하고 있는 거지?' 나 자신을 질책했다. '이건 좋지 않은 생각이야.' 목이 뻣뻣해지는 느낌이었다. 내 머릿속은 수백 개의 생각하기 힘든 시나리오들로 넘쳐났다.

마음을 가다듬고, 학교에서 여섯 살에서 아홉 살짜리 아이들을 뉴욕 시 거리로 홀로 보내지는 않는 다는 사실을 자신에게 상기시켰다. 학교에서 피트에게 전화를 했을 것이고, 그는 갔을 것이다. 실제로, 피트는 두어 번 정도 잊어버렸다. 아이들은 교장실에 앉아서 기다렸고 그는 화내는 아이들을 달래야 했다. 피트가 자신의 일 때문에 일정을 조절해야 할 때가 있었다. 나에게 도움을 청했지만, 나는 거절했다. 이런 문제가 생기면, 본인이 자신을 대신할 사람을 찾기로 우리는 이미 이야기했었다. 그 문제 해결에 내가 나서고 싶은 것을 참는 것은 어려운 일이었다.

피트가 저녁식사 준비를 잊는 것은 이상한 일이 아니었다. 첫 몇 달 동안은 집에 오면, 아이들은 배고파서 화가 나 있는 상태였다. "아빠가 저녁을 해 주는 것은 싫어요." 아이들이 소리쳤다. "엄마가 일을 그만두고 집에 있어요." 아이들이 자신의 감정을 자유롭게 표현하게 했지만, 내 일을 그만두지는 않았다. 다만, 이 결정이 우리 모두를 위한 결정임을 확인 시켰다. 결국에는 이 변화는 유지됐고, 그들은 곧 훌륭하게 적응했다.

4. 굳건히 서라

견고한 관계 패턴은 언제나 강하다. 당신이 과도하게 일하는 것을 중단했을 때, 저항에 직면할 것이라는 점은 분명하다. 이 단계의 목적은 당신이 결정한 것에 굳건히 서는 것이다. 다른 사람들은 새로운 규칙으로 변화된 삶을 사는 당신을 보는데 익숙하지 않다. 나약함이 당신 주위의 모든 사람들에게 퍼져나갈 것이다. 변화하는 당신과 관련된 사람들 모두를 사람들이 인식할 시간이 필요하다. 이런 시간을 그들에게 허락하라.

예를 들면, 내가 직장을 갖기 전에 나는 가정에서 내가 없어서는 안 될 존재라고 생각했었다. 시간이 지나면서 그렇지 않다는 것이 분명해졌다. 아이들은 그들의 모든 시간 동안, 나를 필요로 하지 않았다. 그들은 "와! 엄마한테 우리 이외의 삶이 있구나."라고 깨달았다. 딸들 중 한 명은 무심히 "맙소사! 아빠가 집안일을 이렇게 잘하리라 누가 상상이나 했겠어."라고 말했다.

천천히 우리 가족은 새로운 리듬에 적응했다. 피트는 우리 딸들과 오후에 시간을 보내는 새로운 경험을 즐기게 되었다. 나의 간섭 없이 그는 자신만의 자녀 양육 스타일을 발견했다. 이것은 공동 자녀 양육의 시작이었다. 놀랍게도 피트는 이것을 사랑했다.

우리 딸들 역시 피트와 더 많은 시간을 함께 하는 특권을 누렸다. 사실, 그들은 나보다 아빠의 양육 스타일을 더 좋아하게 되었다. 그들은 피트의 편하고 융통성 있는 방식을 즐거워했다. 이제 "엄마 언제 나갈 거예요?"라고 묻는다.

나 역시 새로운 리듬에 적응하고 즐기는 법을 배웠다. 사실 나는 내가 없어서는 안 될 사람이 되는 것을 좋아했었다. 그러나 우리 가족이 하나로 뭉치기 위해서 반드시 내가 필요한 것은 아니었다. 나는 피트와 딸들이 함께하면서 받은 정서적, 정신적, 육체적 그리고 영적 선물에 감사한다.

이런 변화가, 우리 미래의 다른 변화를 위한 본보기가 되었다. 우리는 시간에 구애받지 않는 융통성 있는 팀으로 일하는 법을 배웠다. 우리는 변화에 대해 토론하고 합의한다.

내가 만일 과도하게 일함으로써 누군가의 성장을 막았다면 나는 그에게 상처를 주었을 것이라 확신한다. 그리스도의 뜻대로 다른 사람을 사랑하고 섬기기 위해서, 우리는 사람들이 스스로 할 수 있고 또 해야만 하는 일을 우리가 대신하고 있지는 않은지 분별해야만 한다. 변화에 대한 공포와 긴장이 우리를 변화 이전의 삶으로 다시 돌려놓으려 할 것이다. 변화를 흡수할 시간을 주는 것이 중요하다. 안정된 삶으로 돌아가려는 뭔가를 하려 할 것이다. 그것이 좋은 방법이기 때문이 아니라, 단지 물러서서 기다릴 성숙함이 부족하기 때문이다.

당신이 과도하게 일하고 있는 자신의 삶의 영역 하나를 골라보라. 그것은 직장, 결혼생활, 우정, 육아, 교회 학교일 수도 있다. 다음 네 가지 단계를 몇 분간 다시 생각해 보라.

▶ 당신이 과도하게 일하고 있다는 것을 인정하라
▶ 지진을 일으키라
▶ 혼란에 대비하라
▶ 굳건히 서라

오늘 당신을 위한 다음 실천 단계는 무엇일까? 이것을 하나님께 드리고, 성령님께 지혜와 용기를 구하는 것이다. 믿을 만한 멘토 혹은 성숙한 친구와 대화하는 것도 고려해 보라. 그리고 하나님께서 당신에게 보이시는 것을 향해 한걸음 나아가라.

당신이 과도하게 일하는 것을 기꺼이 중단할 때, 당신은 다음 장 '잘못된 생각을 중단하라'의 문을 열게 된다.

7장

잘못된
생각을
중단하라

잘못된 생각에서
벗어나기 위한 긴 여정

✛

잘못된 생각의
세 가지 유형

✛

잘못된 생각의
벽 허물기

✛

순풍과 함께
항해하기

6백 년 전 사람들은 지구가 평평하다고 믿었다. 그래서 그들은 바다로 항해하러 나가길 두려워했다. 2천 년 전에는 '혈액을 세냄'이라고 불렸던, 많은 양의 혈액을 빼내는 것이 암에서부터 폐렴, 소화 장애까지 거의 대부분의 질병을 치료하는 방법이라고 생각했다.

미국 역사의 상당 기간 동안, 미국 원주민들과 아프리카계 미국인들은 하급시민으로 취급당했다. 불과 백 년도 채 안 되는 시간 전의 여성들은 투표권을 갖지 못했었다. 여성의 지적 활동은 생물학적으로 '연약한' 그들에게 해가 된다고 생각했다. 1900년대, 적어도 99%의 사람들은 '인간은 절대로 날 수 없다'고 믿었다. 1960년대, 대부분의 사람들은 인간은 달 위를 걸을 수 없다고 믿었다.

당신은 내가 하려는 말이 무엇인지 잘 알 것이다. 이 모든 가정들은 잘못된, 그것도 엄청나게 잘못된 것들이었다. 잘못된 신념은 삶을 살아가고, 하나님께서 의도하시는 미래로 나아갈 우리의 능력을 제한한다. 더 나아가, 잘못된 생각은 삶과 문명을 파괴한다.

잘못된 생각이란 거짓인 무언가를 옳다고 믿는 것이다. 마크 트웨인은, "잘못된 생각은 당신에게 상처를 주는 것이 무엇인지를 모르는 것을 말하지 않는다. 그것은 당신이 상처를 받고 있지 않다고 생각하는 것을 말한다."고 말한다.

잘못된 생각은 정서적인 그리고 영적인 건강에 치명적인 위협이 된다.

그것은,

▶ 당신을 무기력감에 빠뜨린다.
▶ 당신을 고통에 집어넣는다.
▶ 당신을 잘못된 죄책감 속에 가둔다.
▶ 당신을 절망으로 인도한다.
▶ 당신이 바른 관계를 형성하지 못하도록 한다.
▶ 당신을 미래에 대한 희망으로부터 멀어지게 한다.
▶ 그리스도 안에서 하나님께서 주신 당신의 잠재력을 제한한다.

잘못된 생각은 전염성이 커서 쉽게 널리 퍼진다. 대부분의 경우, 잘못된 생각은 우리가 인식하는 의식의 수준을 뛰어 넘어 작동하기 때문에 더욱 위험하다. 이러한 치명적 질병을 제거하기 위해서는 뇌 이식 수술에 버금가는 근본적이고 철저한 수술이 필요하다.

잘못된 생각에서 벗어나기 위한 긴 여정

교회 사역을 시작했을 때, 피트와 나는 결혼생활, 육아, 교회사역 그리고 영성을 포함한 다양한 분야에서 잘못된 생각을 하는 급성 질환에 시달렸다. 우리는 크리스천 공동체가 많은 잘못된 생각에 특히 더 사로잡힐 수 있다고 생각했다. 교회를 개척할 당시, 우리는 젊은 몇 가정을 포함한 사람들과 모두 같은 지역으로 이사를 했다. 뉴욕과 같은 거대 중심도시들의 문제인 유대감의 상실이나 외로움과 싸워나갈 수 있는 공동체를 형성하려는 목적이었다. 사실, 우리는 단순히 같은 지역으로 이사를 간 것이 아니라, 서로 붙어있는 집으로 이사했다.

피트와 나는 '기찻길 옆 아파트'에 살았다. 방들이 집 앞에서 뒤편까지, 모두 하나로 연결되어 있는 구조였다. 복도가 없었기 때문에 방을 거쳐 다른 방으로 가야했다. 뒤뜰로 나가기 위해서는 침실을 통과해서 나가야하는 식이었다. 이 때문에, 집에 손님을 초대해서 식사를 대접할 때면, 사람들은 우리 침실을 거쳐 뒤뜰로 나가야만 했다. 유쾌한 일은 아니었지만, 공동체를 위해 참았다.

하나님께서 무언가 새롭고 흥미로운 일들을 시작하셨던 초창기에, 우리는 즐겁고 의미 있는 많은 일들을 했었다. 우리는 함께 자녀를 키우고, 함께 여가시간을 보냈다. 그리고 목표를 함께 공유하기 위해 노력했다. 이것은 매우 깊은 일체감을 의미했다.

하지만, 공동체로서 우리는 세 가지 이유로 인해서 어려움을 겪었다.

첫째로, 우리는 어떻게 다른 사람들의 다른 점을 존중해야 하는지를 알지 못했다. 수년 동안 나는 더 아름다운 것과 더 큰 공간에 대한 나의 욕구에 대해 죄책감을 느꼈었다. 8년 후 이사를 했을 때, 우리는 현재 공동체와 함께 하는 이 작은 아파트에서 퀸즈의 다른 이웃이 있는 개인주택으로 이사하고 싶은 우리 생각이 잘못된 것이라고 생각했다. 아이러니하게도, 나 역시 살기 편한 교외로 이사가는 사람들을 비판했었다. 우리는 건강한 분리와 일체감에 대해 이해하지 못했었다. 그리고 이런 복잡하고 여러 의문이 드는 것들에 대해 어떤 여지도 남겨두지 않았었다.

두 번째 어려움을 겪었던 중요한 이유는 교회 구성원과 친밀한 교제를 할 수 있을 뿐 아니라, 언제나 반드시 그래야 한다고 생각한 것이었다. 교회는 친밀한 교제를 위한 멋진 상황들을 제공해 준다. 그러나 이것은 건강한 교회 공동체는 '항상' 친밀한 교제가 가능하다고 생각하는 잘못된 믿음과는 다른 것이다. 공동체로서 교회는 다양한 목적을 가지고 있다. 그 중 몇 가지만 소개한다면, 우리의 소명, 가치, 예배 등이다. 친밀한 교제가 어떤 교회 공동체에서는 가장 중요한 근원이 되기도 하지만, 다른 곳에서는 그렇지 않을 수도 있다.

공동체와 친밀한 교제가 동의어라고 생각하는 우리의 잘못된 신념 때문에, 피트와 나는 우리가 고용하고, 조언하고, 상담하고 그리고 영적으로 지도하는 사람들과 가까운 친구가 되었다. 피트는 우리 교회의 담임목사이면서 동시에 교회의 지도자였다. 그 당시, 그는 우리 친구들 중 한 명 이상의 직장 상급자이거나 고용주였다. 그리고 나는 우리 친구들의 그룹리더이면서 멘토였다.

우리의 공식적 역할로부터 우리의 비공식적 우정을 분리시켜야 할 필요를 느꼈을 때, 문제가 발생했다. 당연히, 우정관계는 우리와 우리 친구들에게 부정적인 영향을 끼쳤다. 관계는 불편해졌고, 상처받는 일이 자주 생겼다.

진정한 공동체는 '항상' 친밀한 교제가 있어야 한다는 생각이 잘못된 믿음이라는 것을 깨닫게 해 준 몇 명의 지혜로운 멘토들과 함께하기까지는 많은 시간이 걸렸다. 우리는 건강한 교회와 공동체에서 깊이 있는 친밀한 교제가 발전될 수 있다는 것을 배웠다. 이것은 축하하고 격려해야 할 것이다. 그러나 문제는 '항상'이라는 단어에서 나온다.

나는 어떤 한 사람이 교회의 중요한 리더가 되면서 가지게 되는 두 가지 역할의 위험과 연약함을 이제는 잘 알고 있다. 나는 고용주

이면서 친구이다. 또는 나는 목사이면서 친구이다. 이 두 가지 역할이 자동적으로 부적절하게 되거나 잘못되는 경우는 드물다. 하지만, 이 두 역할은 매우 복잡하기 때문에 성숙함 없이는 잘 조절하기 어렵다.[1]

세 번째 문제는 우리가 정서적으로 사는 방법을 배우지 않고도 건강하고 친밀한 크리스천 공동체를 만들 수 있다고 믿었던 점이다. 우리는 성숙한 자세로 듣는 것, 정직하게 말하는 것, 그리고 충동을 해결하는 것 등을 몰랐다. 때문에 분노가 폭발하거나, 이해할 수 없는 상황으로 인해 좌절하게 되거나, 또는 서로 말하지 않는 불편함, 다른 기대치 등으로 넘쳐난 결혼문제의 갈등을 해결할 능력이 없었다. 우리는 자신에 대해서도 잘 알지 못했다. 그런 우리가 어떻게 상대와 자신을 적절하게 공유할 수 있었겠는가?

내가 가지고 있던 공동체와 관련된 몇몇 잘못된 생각을 요약해 보았다. 하지만, 우리 삶에서 잘못된 생각에 사로잡히는 경우는 헤아릴 수 없이 많다. 이것들은 예수님을 믿는 믿음 안에서 우리가 어떻게 직장, 가정, 그리고 교회에서 살아가는지를 함축적이고 결정적으로 보여준다.

잘못된 생각의 세 가지 유형

심리학자 마이클 야프코는 자신의 『물려받은 우울증』이라는 책에서, 우리가 삶을 바라보는 방식을 왜곡하게 만드는 잘못된 생각의 세 가지 주요한 유형을 다음과 같이 말했다.

- ▶ 양자택일식 사고
- ▶ 자신만의 상상
- ▶ 생각으로는 아무것도 바꿀 수 없다는 인식

위의 세 가지 사고방식 모두가 새생명교회에서 내가 공동체를 세울 때 경험했던 혼란과 소동의 일부 영역에서 활동했다. 앞으로 살펴보겠지만, 이런 사고방식은 우리 삶에 널리 퍼져있다.

이러한 왜곡된 사고방식들은 교회에서 혹은 영성모임에서 아니면 제자훈련 중에 거의 언급되지 않는다. 하지만, 이런 단순하지만 파괴적인, 몇 개의 왜곡된 사고방식을 중단하겠다고 다짐할 때, 무기력감, 절망감, 잘못된 죄책감 그리고 불필요한 고통으로부터 벗어나게 된다. 그리고 우리는 하나님의 약속을 체험하게 된다. "하나님이 우리에게 주신 것은 두려워하는 마음이 아니요 오직 능력과 사랑과 근신하는 마음이니"(디모데 후서 1:7). 이런 도구들을 통해서, 하나님께서 우리를 위해 준비하신 미래로 나아갈 수 있는 능력을 받게 된다.

잘못된 생각 1. 양자택일식 사고

'양자택일식 사고'는 매사를 실제보다 훨씬 크게 만든다. 양자택일식 사고는 삶의 일부분이 잘 풀리지 않을 때, 그것을 삶 전체의 문제로 확대하고, 삶의 모든 것을 특징짓게 한다. 양자택일식 사고는 흑백논리에 의해 일과 환경들을 해석하게 만든다. 삶의 많은 부분을 차지하는 중간지대, 차이점에 대한 여지는 거의 없게 된다. 양자택일식 사고는 숲은 보지만 나무는 보지 않는다.

이를테면,

- ▶ 직장 인터뷰가 생각대로 되지 않았다. 당신은 '나는 패배자야.'라고 생각한다.
- ▶ 크리스천인 어떤 한 사람과 안 좋은 일이 생겼다. 당신은 모든 크리스천들은 위선자라고 결론짓는다.
- ▶ 시험에서 B학점을 받았다. 당신은 낙제할 것이라고 생각한다.
- ▶ 불량품인 차량을 구입했다. 당신은 '난 절대로 좋은 차를 구하지 못할 거야.'라고 결론짓는다.
- ▶ 한 주 동안 아이들 때문에 참을 수가 없었다. 당신은 '아이들에게 소리 지르는 나는 형편없는 부모야.'라고 생각한다.
- ▶ 지난밤 소그룹 모임의 토론이 부자연스럽고 형편없었다. 당신은 '지난밤

좋은 토론을 진행하지 못했어, 나는 나쁜 리더야.'라고 생각한다.
- ▶ 당신과 당신 배우자는 특별한 데이트를 계획했다. 하지만, 무례하고 어수룩한 웨이터가 식사를 망쳐놓았다. 그리고 당신들은 '저녁시간 전체를 망쳤어!'라고 생각한다.

우리는 "요셉도 없어졌고 시므온도 없어졌거늘 베냐민을 또 빼앗아 가고자 하니 이는 다 나를 해롭게 함이로다"(창세기 42:26)라고 부르짖었던, 전형적인 양자택일식 사고로 인해서 고통 받았던 성경의 한 인물, 야곱을 볼 수 있다. 야곱의 삶에는 좋은 일들도 많았지만, 그는 그것들을 보지 못했다. 삶의 한 부분이 잘못되어 가고 있는 것이, 야곱에게는 '모든 것이' 끔찍한 것이었다. 그는 자신의 아들 요셉이 죽었다고 잘못 믿고 있었다. 그리고 지금 그는 두 명 이상의 아들들을 더 잃게 될 것이라고 믿고 있다. 그의 이런 걱정은 타당한 것이었다. 그러나 "모든 것이 나를 해롭게 함이로다"라는 확대된 생각은 진실이 아니었다. 야곱은 하나님께서 이미 주셨던 복과, 그리고 앞으로 더 많이 주시려는 복을 보지 못했다. 그의 가족을 애굽으로 보내 구원하시려는 하나님의 더 크고 장기적인 계획을 알아차리지 못했다. 잘못된 생각으로 고통스러워했지만, 야곱의 가족들은 결국 세상의 구원을 이끄는 이스라엘의 기초를 이루었다.

양자택일식 사고는 비극과 같다. 우리는 진실 아닌 무언가를 믿고, 우리 주변 사람들에게 그것을 퍼뜨린다. 우리는 공동체를 볼 때에도 양자택일식 사고로 본다. 말씀적인 공동체는 하나의 방법만 봐야한다고 잘못 믿었다. 나는 선택권이 없다고 스스로 확신하고, 모든 것에 압도되었다. 결국, 약한 우울증에 빠져 절망과 무기력중에 빠졌다.

이런 잘못된 생각을 어떻게 바로잡을 수 있을까? 다음의 예들을 살펴보라.

잘못된 생각	정확한 생각
우리 사장님은 절대로 변하지 않을 거야	하나님께서 나를 변화시키실 수 있다면 우리 사장님도 변화시키실 수 있을 거야. 또한 나는 우리 관계를 도울 수 있는 새로운 전략들을 개발할 수 있을 거야
설교시간에 휴대전화 벨소리가 나서 오늘 예배를 망쳤어	휴대전화 벨소리 때문에 짜증이 났지만, 찬양, 설교, 예배 후 친교 등 예배 대부분들은 정말 좋았어
남자는 믿을 수 없는 존재야	한 남자에게 배신을 당했었지만, 나는 신실하고 정직한 다른 남자들도 알고 있어
그녀와 헤어진 나는 패배자라고	그녀와 헤어진 고통을 통해 무언가 도움이 될 만한 것을 배웠어. 그리고 나는 운동, 직장, 가족관계, 영성생활 등 나의 삶의 다른 분야에서 성공적 삶을 살고 있어
변호사들은 다 사기꾼들이야	정직하지 못한 변호사들이 일부 있지만, 정말로 대단한 사람들도 있어
그녀는 항상 불평만 해	그녀는 삶의 어떤 부분은 견디기 힘들어 해. 그러나 직장, 외모, 부모에 대해서는 불평하지 않아
나 완전히 스트레스 받았어	학교시험에 통과하지 못할까봐 스트레스를 받고 있지만, 친구관계, 교회, 재정 등 내 삶의 많은 다른 영역에서는 스트레스를 받지 않아

우리말에 '항상', '언제나', '모든 것', '모든 사람', 그리고 '절대로'와 같은 단어들이 포함된다면, 그것은 우리가 잘못된 생각을 하고 있다는 뜻이다. 사용하는 단어의 간단한 변화가 우리 안에 중요한 변화를 불러일으키고, 우리로 하여금 상황을 다르게 생각하도록 만든다.

우리가 양자택일식 사고를 하게 될 때, 하나님께서 우리의 삶 가운데 보여주시는 많은 것들을 놓치게 된다. 나다나엘은 메시야가 나사렛이라는 작은 마을에서 오셨다는 말을 들었을 때, "나사렛에서 무슨 선한 것이 날 수 있느냐"(요한복은 1:46)고 대답했다. 그는 고정관념에 근거해서 잘못된 판단을 내린 것이다. 예수님께서는 나다나엘의 대답을 개인적으로 받아들이시지도, 변호하시지도 않으셨다. 그 대신, 나다나엘의 왜곡되고 미숙한 사고방식을 바로 잡아주시고, 자신을 따라오도록 초청하시고, 앞으로 일어날 많은 것들을 볼 수 있는 눈을 열어주셨다.

잘못된 생각 2. 자신만의 상상

자신만의 상상에 빠지는 것은, 모든 상황을 파악하기 전에, 무언가에 화를 내거나 책임을 감당하려 하거나, 비난하는 것을 말한다. 우리는 대부분의 상황들이 모호할 수 있다는 것을 무시하고, 부적절한 해석을 성급하게 내리는 경향이 있다. 하지만, 엄청나게 많은 경우에 있어서 우리의 해석은 실질적 사실에 기초한 것이 아니라,

우리가 자신에게 말하고 있는 이야기에 근거한 것이다.

예를 들면,

- ▶ 한 친구가 점심약속에 늦었다. 그녀는 나를 존중하지 않는 것이 틀림없다.
- ▶ 올해 연봉이 오르지 않았다. 사람들이 내가 일을 잘 못한다고 생각하는 게 틀림없다.
- ▶ 나는 리더로 세움을 받지 않았다. 목사님은 내가 은사가 없다고 믿는 게 틀림없다.
- ▶ 내가 정말로 입사하길 원했던 직장을 얻지 못했다. 인터뷰를 형편없이 한 게 틀림없다.
- ▶ 내 이름이 성탄절 행사 지원자 목록에 없다. 나의 봉사가 별로 중요하지 않다고 생각하는 게 틀림없다.

우리는 관련된 모든 자료를 가지지 않은 채, 부정적인 해석을 한다. 이럴 때, 자신을 불필요한 큰 슬픔에 노출시키게 된다. 이것은 우리를 희생자 또는 무책임한 비난자로 만들고, 우리의 관계를 산산조각 낸다. 사실이 아닌, 다른 무언가에 근거한 불만으로 가득 찬 불만 보따리가 모아지는 것은 그리 어려운 일이 아니다.

나는 초대받지는 못한 곳에, '다른 친구들은 모두 갔어.' 라는 생각을 한다. 이 때문에 화가 나고 상처받았던 경우를 기억한다. 그들은 나에겐 관심이 없을 것이라고 말하면서 혼자 상상했다. 사실, 그날 이 모임은 내가 떠난 이후 거의 동시에 이루어졌다. "점심 먹으러 같이 가지 않을래?"와 같은 공식적인 초대가 있는 모임도 아니었다. 혼자만의 착각으로 인해, 나에게 나 스스로 상처를 준 것이다. 그리고 전혀 사실이 아닌 것에 몰두하는데 나의 에너지를 낭비했던 것이다.

십계명의 제 9계명은 "네 이웃에 대하여 거짓 증거하지 말지니라"(출애굽기 20:16)이다. 이 계명은 다른 사람들에 관해서 진실이 아닌 결론을 내릴 때 지킬 수 없게 된다. 그리고 우리는 그들을 용서하지 못한다는 죄책감 때문에 자신에게 분노한다. 이후 우리는 영적 그리고 공동체의 생활이 왜 이렇게 복잡하고 어지러운지 궁금해 한다.

어떤 경우든지, 그 일을 일으킬 수 있는 이유는 다양하다. 당신이 아닌, 다른 좋은 가능성들이 있다. 아래의 예를 생각해 보라.

잘못된 생각	정확한 생각
내 전화와 이메일에 답장하지 않았다. 나에게 화가 난 게 틀림없다.	내 메시지를 못 받았을 수도 있다. 아니면, 바빠서 시간을 내지 못했을 수도 있다. 잊어버렸거나 다른 걱정거리에 집중하고 있을 수도 있다.
직장 동료들 점심식사에 초대받지 못했다. 그들은 나를 싫어한다.	그들은 자신들의 프로젝트에 대해 이야기하기 위해 함께 점심식사를 할 수도 있다. 당신을 초대하지 않은 어떤 이유가 있을 수도 있다. 그러나 나는 괜찮다. 왜냐하면 그들은 그것을 선택할 자유가 있기 때문이다.
오늘 교회에서 존이 나에게 인사하지 않았다. 그는 나를 피하고 있다.	존이 다른 일에 집중하고 있어서 나를 보지 못한 것일 수 있다.

잘못된 생각	정확한 생각
직장을 구하지 못했다. 나는 현대의 직업 전선에서 직장을 구할 능력이 없다.	나는 특정한 직장을 구하지 못했다. 나는 직업시장에서 직장을 구하기 위해 필요한 훈련, 지도 혹은 도움을 받을 수 있다.
수잔은 내가 이끄는 소그룹 모임에서 침묵했다. 그녀는 내가 인도하는 것을 싫어한다.	수잔은 피곤해서 말하지 않은 것일 수 있다. 또는 아직 말하기 어려운 상태에 있고, 이것을 걱정하고 있는지도 모른다.

삶의 많은 부분이 애매하고 다양한 해석을 가능하게 한다. 성급하고, 충동적인 판단을 할 때, 그것들은 자주 틀리게 된다.

예수님의 어머니 마리아는 혼자서 상상하지 않았던 사람의 좋은 예이다. 요셉이 그녀와 조용히 파혼하려고 계획했을 때, 그에게 아무런 불평도 하지 않았다는 것을 생각하면 가슴이 뭉클해진다. 우리가 알고 있는 한, 마리아는 임신 9개월이나 된 자신에게 방을 내어주지 않았다고 해서 방주인에게 그 어떤 험악한 말도 하지 않았다. 후일, 아기 예수님의 정결예식을 위해 성전에 갔을 때, 시므온은 마리아에게 "또 칼이 네 마음을 찌르듯 하리라"(누가복음 2장 35절)라는 말을 했었다. 이 말을 들었던 마리아는 한 노인의 어려운 말에 대해 자녀들을 보호하려는 다른 부모들의 반응처럼 불평하거나 공격적인 태도를 취하지 않았다. 오히려 이 모든 것을 생각하고 마음에 두었다고(누가복음 2:48-51) 성경은 말한다.

우리는 마리아가 무슨 생각을 했는지 알 수 없다. 마리아는 "나에게 무슨 문제가 있는 것이 틀림없어" 또는 "내 주변에 있는 이 사람들에게 무슨 문제가 있는 것이 틀림없어"라고 확신할 수도 있었다. 그러나 그녀는 이해할 수 없는 다른 사람들의 행동에 대해서 자신에게 부정적인 이야기를 하지 않는 대단한 자제력을 가지고 있었다. 혼자만의 생각을 하지 않는 그녀의 능력은 그녀가 가진 영성의 위대한 비밀 중 하나였던 것으로 보인다.

마리아는 하나님과 깊은 관계를 맺음으로 사람들이 그녀에게 말하거나 대하는 방식을 자신의 생각으로 해석하여, 그들을 '좋은 사람' 또는 '나쁜 사람'이라고 규정하는 것을 분명하게 막을 수 있었다. 그녀는 오해했을 때에도 앙갚음하지 않았다. 우리는 마리아가 다른 사람들의 행동을 자신만의 생각으로 잘못 이해하는, 영적인 독을 마시는 것을 본 적이 없다. 우리가 혼자서 상상하지 않는 것이야 말로 참된 영성의 신호이며 영성을 향한 통로가 된다.

잘못된 생각 3. 생각으로는 아무것도 바꿀 수 없다는 인식

이 파괴적인 생각은 당신의 미래관과 관련되어 있다. 만일 당신이 아무것도 바뀔 수 없다고 믿는다면, 당신은 지금 과거에 깊숙이 머물러 있는 것이다. 당신이 자신과 다른 사람들, 그리고 환경 등이 변할 수 있다고 생각한다면, 당신은 자신을 변화시킬 수 있는 에너지를 갖고 있다는 뜻이 된다.

당신이 자랐던 가정의 구성원들이 어려운 상황과 문제들에 어떻게 접근했었는지 생각해 보라. 아마도 당신은 그들과 비슷한 방식을 가지고 있을 것이다. 아무것도 변하지 않을 것이라는 생각에 우리가 몰입할 때, 이런 것들을 생각하게 된다.

- ▶ 나는 절대로 좋은 관계를 만들지 못할 거야.
- ▶ 우리 가족은 항상 문제투성일 거야.
- ▶ 독신으로 사는 한, 나는 절대로 행복할 수 없을 거야.
- ▶ 우리는 스미스 목사님과 같은 좋은 선생님을 절대로 찾지 못할 거야.
- ▶ 나는 이 가족 가운데서 절대로 행복하지 못할 거야.
- ▶ 우리 아이들은 언제나 문제가 될 거야.
- ▶ 나는 절대로 친구를 갖지 못할 거야.

사울 왕과 그의 군대는 현재의 상황 중 아무것도 변하지 않을 것이라고 믿었다. 그들은 강력한 골리앗과 블레셋 군대를 절대로 이기지 못할 것이라고 판단했다. 그들의 생각은 잘못된 것이었다. 하나님은 모든 것을 변화시킬 수 있는 새로운 전략을 가지고 계셨다. 하나님은 하나님의 마음을 품은 어린 목동, 다윗을 사용하셨다. 사도 베드로도 변화와 친밀하지 않았다. 유대인이었던 그는 이방인의 집에는 절대로 들어가지 않았다. 그는 교회가 성장하기 시작했을 때, 유대인과 이방인은 분리된 채 있어야 한다는 잘못된 믿음을 가지고 있었다. 그러나 하나님께서는 환상을 통해서 그 생각이 바

뛰어야 한다는 것을 보여주셨다(사도행전 10-11장). 제자들은 예수님께서 처형당하시고 장사되신 이후, 아무것도 변하지 않을 것이라고 믿었다. 그들의 생각은 잘못된 것이었다. 예수님은 죽은 자 가운데서 부활하시고 전 세계와 모든 인종을 뛰어 넘은 수백만의 교회를 탄생시키기 위한 성령님을 오순절에 보내셨다.

과거는 미래를 보여주지 않는다. 모든 것은 더 나은 것으로 바뀔 수 있다. 미래가 더 이상 같은 것에 얽매여만 할 필요는 없다. 우리는 바꿀 수 있다. 아래 도표의 예들을 생각해 보라.

잘못된 생각	정확한 생각
나는 절대로 이성과 건강한 관계형성을 하지 못할 것이다.	나는 이성과 성공적인 관계형성을 위해 필요한 기술들을 배울 수 있다. 나의 과거가 반드시 미래가 될 필요는 없다.
우리 사장님은 나를 절대로 이해하지 못할 거야.	나는 다른 방법으로 사장님에게 접근할 수 있다. 나의 과거가 반드시 미래가 될 필요는 없다.
우리 결혼 생활은 언제나 불행할 것이다.	나는 필요한 도움과 조언을 얻을 수 있다. 내 결혼 생활은 즐거워질 것이다. 나의 과거가 반드시 미래가 될 필요는 없다.
내 아들은 부족한 학습능력 때문에 언제나 힘들어 할 것이다.	나는 아들이 힘들어하는 것을 더 잘 다룰 수 있는 방법을 배울 수 있다. 그리고 이것이 우리의 관계를 더 향상시켜 줄 것이다. 나의 과거가 반드시 미래가 될 필요는 없다.
우리는 절대로 우리가 좋아하면서 경제적으로도 감당할 수 있는 집을 구하지 못할 것이다.	시간, 인내심 그리고 기도가 있다면 우리는 집을 찾을 수 있다. 다른 지역을 알아볼 수도 있고 우리의 조건들을 조정할 수도 있다. 우리의 미래는 과거의 집을 구했던 경험에 의해 제한되지 않는다.

수년간, 나는 교회가 절대로 변하지 않을 것이라고 걱정했었다. 나는 충돌과 위기가 언제나 우리 삶에 부정적 영향을 끼친다고 믿었다. 심지어 요즘도, "교회에 문제가 있어요."라는 말을 들으면, 감정적으로 반응하곤 한다. 하나님께서는 나를 교회로부터 분리시키지 않으셨다. 나를 변화시키시고, 교회를 변화시키셨다. 나와 교회가 거룩한 하나가 되게 하셨다. 나는 배웠었고, 계속 배우고 있으며, 앞으로도 아무것도 변하지 않을 것이라는 잘못된 생각을 극복할 것이다.

당신의 미래도 당신이 경험했던 그 어떤 것보다 더 좋아질 수 있다. 미래가 과거의 뼈아픈 패턴들과 똑같아야만 하는 것은 아니다. 과거에 집착하기 위해 불필요하게 투자했던 에너지를 모아서, 미래를 변화시키기 위한 것에 투자하라.

잘못된 생각의 벽 허물기

잘못된 생각을 중단하는 것은 당신의 최선을 요구한다. 나는 이것을 '벽 허물기'라고 묘사한다. 왜냐하면, 이 작업은 매우 도전적이고, 직관에 반하는 기술이기 때문이다. 그리스도 가운데 나를 형성시키는 일의 일부로, 잘못된 생각을 하는 것에 대해 고민하기 시작한 것은 불과 몇 년 전부터이다. 이런 과정을 통해, 벽을 허무는 것의 기초가 되는 세 가지 원리를 발견할 수 있었다.

1. 당신의 감정을 따르지 말아야 할 순간을 분별하라.
2. 마음을 탐색하는 것을 중단하라.
3. 무언가 다른 일을 하라

이 영역의 장기적 돌파구를 위해서, 직장동료, 친구, 배우자, 파트너 아니면 자녀, 누구에게든 당신은 이 세 가지 원리를 반드시 적용해야만 한다.

1. 당신의 감정을 따르지 말아야 할 순간을 분별하라

3장에서 살펴본 것처럼, 성경은 하나님을 감정을 느끼는 존재로 묘사한다. 하나님은 인격을 지니고 계신다. 그의 형상을 따라 창조된 우리 역시, 감정을 경험할 수 있는 능력이 있다. 감정을 느끼고 그것을 따르는 법을 올바로 배우는 것은 그리스도 안에 있는 우리 삶을 변화시키고 결국에는 '중단해야 하는 것'들을 발견하도록 해준다. 그러나 종종 감정이 우리를 잘못된 길로 인도할 수도 있다. 따라서 우리는 감정을 쫓지 말아야 할 때와 장소를 분별해야 한다. 몇 가지 예들을 생각해 보자.

한 친구가 당신의 이메일과 전화에 3일 동안 답장을 하지 않았다. 당신은 자신이 친구에게 공격적인 말을 하지는 않았는지 궁금하고 불편하다. 이런 감정은 당신이 무언가를 잘못했을 때, 당신의 어머니가 당신을 버릴 수도 있다고 걱정했던 것과 비슷한 것이다. 당신은 부정적인 시나리오를 상상하며, 잠을 설친다.

당신은 직장에서 회의 중이다. 누군가 회의 진행자에게 반대하는 말을 공격적으로 한다. 긴장이 방을 가득 채울 무렵, 불안해진 당신은 방에서 도망 나오길 원한다. 당신은 이후 진행되는 회의에 집중할 수가 없다. 이런 긴장감은 당신이 어렸을 때, 저녁식사 시간 당신 부모님들 사이에 있었던 것과 비슷한 것이다.

당신의 남편은 7까지 집에 도착할 것이라고 말했다. 그러나 그는 7시 30분이 된 지금도 도착하지 않았다. 당신은 너무 화가 난 나머지 남편과 저녁을 함께 먹지 않고 방으로 올라가 버린다. 그의 사과와 설명은 아무 도움이 되지 않는다. 당신은 무시당했다고 느끼면서, 이런 몰상식한 사람과 결혼생활을 계속할 수 있을 것인지 염려한다. 이런 걱정은 제 시간에 당신을 거의 데리러 오지 못했던 당신 아버지에게 의지해야 했던 당신의 유년시절에 느꼈던 것과 유사한 것이다.

소그룹 모임 중, 어떤 사람이 그룹 토론을 방해하면서 쉴 새 없이 이야기한다. 당신은 진행자로서 이런 사람을 잘 통제해야할 책임이 있다는 것을 알고 있다. 당신은 자신이 해야만 하는 헤아릴 수 없이 많은 시나리오들을 상상하면서, 잠을 자지 못한다. 당신이 느끼는 무력감은 당신이 성장하던 시절 집에서 말하는 것을 금지 당했을 때 느꼈던 것과 비슷한 것이다.

당신의 직원이 문제투성이인 리포트를 제출했다. 그것에 대해 묻고 싶지만, 그가 어떻게 반응할지 걱정이 된다. 당신은 자신의 감정에 따라, 다음 몇 주 동안 그 사람을 피해 다닌다. 당신은 부모님이 형의 행동 때문에 형을 야단했을 때, 형이 보였던 폭발적 성질의 반응을 기억한다.

이 모든 시나리오들에서 나타난 문제들은 과거의 감정들이 현재의 분명한 생각들을 장악할 때 일어난다. 현재 상황들이 과거의 어떤 것과 비슷하다고 느끼면서 부적절한 반응을 드러내는 것이다. 우리 감정은 아주 깊은 곳에 자리 잡고 있다. 때문에 감정이 논리적 사고보다 더 앞서기도 한

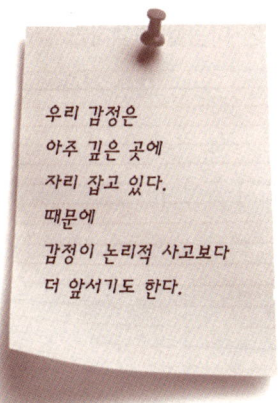

우리 감정은 아주 깊은 곳에 자리 잡고 있다. 때문에 감정이 논리적 사고보다 더 앞서기도 한다.

다. 저항하기 힘든 감정들은 우리로 하여금 명확한 질문을 하는 것을 막아버린다. 그 순간 자신에 질문하라. "무슨 일이 일어난 거지?", "사실은 어떤 것이지?", "사실에 대해서 내가 알고 있는 것은 어떤 것이지?", "내가 원하는 결과는 무엇일까?", "내 감정은 이 상황과 관련이 있는 것일까?" 혹은 "이 경우에는 감정들을 한 곳에 몰아둬야 하는 것일까?"

하나님께서는 우리 삶을 개척할 수 있는 내부통제 시스템을 주셨

다. 그것이 바로 생각과 감정이다. 감정에 집중하는 것은 반드시 필요한 일이다. 그러나 그 후 그것을 어떻게 다루어야 하는지에 대해서도 반드시 생각해야 한다. 만일 우리가 그리스도 안에서 영적인 성인으로 자라기를 원한다면, 언제 감정을 따르고 언제 따르지 말아야 하는지 분별해야 한다.

2. 마음을 탐색하는 것을 중단하다

하나님은 모든 것을 아신다. 하나님은 모든 상황과 그에 따른 모든 것을 알고 계신다. 그리고 오직 하나님만 다른 사람들의 마음속에서 일어나고 있는 일을 모두 아신다. 하지만 우리는 아니다. 우리는 다른 사람들의 마음을 알 수 없다. 다만 어떤 행동을 보고, 사실을 검증하지도 않은 채, 추측하고 해석하면서 하나님처럼 행동하곤 할 뿐이다. 이러한 추측들은 불필요한 고통과 혼란을 야기한다. 사실, 이 단순한 원리의 적용이 당신의 가족, 직장 그리고 교회에서 일어나는 엄청나게 잘못된 생각을 막을 수 있는 열쇠가 된다.

직장에서 자주 전화하던 아내가 하루는 전화하지 않았다고 가정해 보자. 당신은 아내가 화가 난 것인지 궁금해진다. 어젯밤 아내와 논쟁이 있었는데, 당신은 그 문제가 아직 해결되지 못한 것이라고 생각한다. 당신은 최악의 경우를 상상한다. 하루 종일 당신은 아내의 미성숙한 행동으로 마음고생을 한다. '어떻게 감히 그녀가 당신에게 쌀쌀맞게 굴 수 있단 말인가?'

당신은 그녀를 무시하기로 마음먹고, 그녀가 집에 도착하자 잘 자라는 말도 없이 잠자리에 든다. 그녀는 무슨 일이 있느냐고 묻지도 않은 채, 부엌에서 서류 정리를 하고 있다. 이러한 상황은 아내의 행동이 미숙하다는 당신의 가설을 분명하게 만든다. 모든 것이 당신이 생각했던 것보다 훨씬 더 악화된다.

"내일은 또 무슨 일이 생기려나."

당신은 전등불을 끄면서 체념한 채, 혼자 투덜거린다.

당신이 나중에 알게 된 진실은, 아내는 직장에서 생긴 급한 일 때문에 전화를 하지 못했다는 것이었다. 하지만, 당신은 머릿속으로 사실이 아닌 복잡한 시나리오를 만들었다.

당신이 교회 큰 행사를 준비하는 팀에 속해 있다고 생각해 보자. 진행을 맡은 당신은 팀의 일원들과 자주 이메일을 주고받는다. 친하고 가까웠던 켄이 매우 형식적으로 짧게 답장을 보내고 있음을 발견한다. 수동적인 공격이라고 해석하고는 무엇 때문에 당신에게 화가 나 있는지 추측한다. 받은 대로 주는 것이기 때문에, 당신도 짧고 퉁명스러운 답장을 보낸다. 얼마 후 켄과 전화 통화를 하게 됐다. 그는 여전히 따뜻하고 다정했다. 당신은 그의 메일을 부정적으로 해석하고, 잘못 '그의 마음을 읽었다'는 것을 깨닫는다. 불필요한 불안에 자신을 빠뜨리고, 그를 당신의 마음속에서 지워버렸던 것이다.

두 시나리오에서의 당신은, 타인의 행동을 부정적으로 해석하고,

그들이 무슨 생각을 하는지 추측함으로써 나락으로 향했다. 이러한 태도는 관계형성에 감춰진 지뢰를 만든다. 서서히 분노가 생긴다. 스스로에게 상처를 주며, 다른 사람들을 차단할 보이지 않는 벽을 만든다. 그리고 무엇보다 나쁜 것은, 당신 가운데 계시는 성령님을 소멸한다는 것이다.

당신이 마음을 읽으려고 했던 사람이 있었는가? 검증되지 않는 추측을 했던 사람이 있었는지 생각해 보라. 적절한 시기에, 그들에게 다음의 질문을 해 보라. "당신의 마음을 읽도록 허락해 주시겠어요?" 아니면, "제가 한 추측이 맞았는지 알려 주시겠어요?" 아니면, "당신에 대해서 제가 생각하는 것이 맞는지 확인할 수 있도록 해 주실래요?"[2]

당신의 생각을 확인할 수 있는 방법들을 아래의 예들을 살펴보라. 마음을 탐색하는 것을 중단하고 질문하라.

- "오늘 직장에서 전화하지 않았던데, 무슨 일이 있었어요? 아니면, 지난 밤 다툰 것 때문에 아직 불편한 건가요?"
- "요 며칠 간 전화를 받지 않던데, 무슨 안 좋은 일이 있는지 궁금해요."
- "당신이 제인과 리차드는 안아주고 나는 그냥 지나쳐버려서 당황스러웠어요. 혹시 내가 당신을 언짢게 만드는 말이나 행동을 했었나요?"

- "당신은 올해 성탄절 선물을 살 책임이 나에게 있다고 생각한다고 보는데, 맞나요?"
- "당신이 내 생일을 잊어버렸기 때문에 내가 당신을 나쁜 사람으로 본다고 생각하고 있는지 궁금하네요. 내 생각이 맞나요?"

혼자 상상하고, 만든 이야기는 우리 감정에 엄청난 영향력을 행사한다. 저녁식사를 하기로 한 친구가 40분 정도 늦고 있다. 당신이 혼자 상상할 때, 당신의 마음 가운데서 일어나는 감정의 차이를 생각해 보자. 다음과 같은 이야기를 만들고, 당신 스스로에게 말할 때, 당신의 감정은 어떻게 달라지는가? '혹시 사고가 난 것은 아닐까?'와 '이 관계가 그에게는 내가 느끼는 것보다 덜 중요하게 느껴지는가 보군.'의 이야기가 있다. 이 해석들이 각각 어떤 감정들을 일으키는가? 두 이야기가 각각 다른 감정을 불러일으키는 이유는, 감정이 우리 주변에서 일어나는 일들에 대해서 자신에게 말하는 이야기들과 깊은 관련을 맺고 있기 때문이다.

잘못된 생각을 중단하고, 정서적인 그리고 영적인 건강을 유지하기 위해서는 다른 사람의 마음을 읽을 수 있다고 생각하고 판단하는 것을 중단해야 한다. 다른 사람들의 생각을 우리 자신이 아니라 그 사람에게 질문함으로써 우리의 추측을 검증하려는 확고한 결단이 필요하다.

3. 무언가 다른 일을 하라

당신은 아마도 알버트 아인슈타인의 광기에 대한 말을 들어본 적이 있었을 것이다. 이것은 매우 자주 인용되는 말이다. 바로 '같은 일을 계속해서 반복하면서 다른 결과를 기대하는 것'이다. 해가 지나도, 나는 같은 것을 계속해서 반복했다. 그리고 아무 것도 변하지 않는다고 불평했었다.

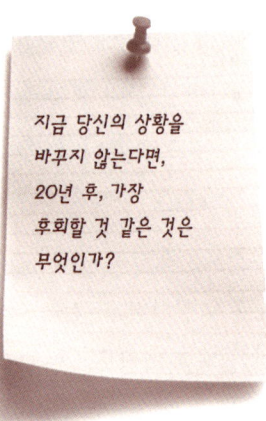

삶은 언제나 힘든 것이라고 생각했었다. 나는 사람들이 내가 슈퍼우먼이라고 생각하길 원했기에, 모든 일과 모든 것을 하겠다고 대답했다. 내 불행의 책임을 피트에게 돌리며, 피트를 비난했다. 그리고 나의 행복한 얼굴은 다른 사람의 몫으로 돌렸다. 나는 나의 슬픔, 분노 그리고 공포의 존재를 거부했다. 나에게 생명과 기쁨을 주는 것들을 무시한 채, 자신을 맨 밑바닥에 놓았다. 잘못된 생각을 하는 것을 중단하기 위해서, 나는 무언가 다른 것을 해야만 했다.

수년 동안, 내 머릿속에는 목사의 아내가 되는 것에 대한 두려움에 대처하는 주문같은 것이 굳건하게 자리잡고 있었다. 나의 삶은 상처, 사역자들과의 충돌, 지나친 기대감, 개인적 성장에 대한 열망, 그리고 관계에서의 실망과 같은 어려움들의 반복이었다. 그리고 이것들은 나의 현재와 미래에 대한 참고서가 되었다. 하지만, 나는 미래가 반드시 과거와 같을 필요가 없다는 것을 배운 후, 같은 것을 다르게 하기 시작했다.

나는 하나님과 함께하는, 그리고 휴식을 위한 하룻밤의 휴가를 내기 위해서 내 생활 가운데 시간을 만들었다. 바깥에서 할 수 있는, 내가 사랑하는 일들을 찾기 시작했다. 그리고 우리 가족은 이사를 했다. 피트와 나는 우리 결혼 생활을 위한 도움을 구했다. 우리 관계를 위해서 서로를 도울 수 있는 기술을 배웠다. 나는 피트와 그의 직장 간의 경계선을 만들었다. 그리고 새생명교회에서 내가 하거나 하지 않을 일을 구별했다. 나는 실제적으로 내가 감당할 수 있는 관계들을 생각했다. 그리고 나는 자주 '아니오'라고 말했다.

자신이 잘못된 생각을 하는 늪에 빠져 있다고 생각될 때, 아래 두 개의 질문을 던져 보아라.

▶ 1. 그 동안 내가 해 왔던 익숙하지만 잘 되지 않는 일을 중단하고, 익숙하지는 않지만 더 성공적일 수 있는 일을 할 용의가 있는가?
▶ 2. 지금 당신의 상황을 바꾸지 않는다면, 20년 후, 가장 후회할 것 같은 것은 무엇인가?

'중단 할 것'들의 처음은 무언가를 다르게 급진적으로 행동할 것을 요구한다. 이런 요구들은 처음엔 매우 불편한 것들이었다. 반직관적이고, 반문화적인 단계를 밟는 것이 얼마나 어려운 일인지에 대해서 과소평가해서는 안 된다. 우리 안에 있는 모든 것들은 다음과 같이 소리친다. "변화의 위험을 감수하지 마라. 모든 것이 엉망이 될 것이다!"

건강하지 못한 패턴이 우리 삶에 깊이 자리 잡고 있는 한, 혼자만의 노력으로 무언가 다른 것을 한다는 것은 매우 어렵다. 무엇을 다르게 해야 하는지 명확히 발견하기 위해 나는 멘토, 상담가 그리고 영적인 지도자들에게 도움을 구했었다. 이것은 수년간 나에게 큰 힘이 되어 주었다. 때로는 상황을 더욱 객관적으로 볼 수 있도록 도와줄 경험이 많은 누군가의 도움이 필요하다.

"첫 번째 성공하지 못했다면 계속 다시 시도하라"는 속담을 기억할지 모르겠다. 이 속담을 "첫 번째 성공하지 못했다면, 무언가 다른 방법으로 시도하라"로 적용해 볼 필요가 있다. 당신은 당신의 미래를 변화시킬 바르고 실제적인 계획을 세우는 것이 필요하다.

순풍과 함께 항해하기

수년 전, 피트와 나는 항해하는 법을 배웠었다. 우리가 배웠던 가장 중요한 것 중 하나는 앞으로 나아가기 위해 돛을 바른 위치에 놓는 것이었다. 초보자들에게 이것은 생각보다 어려운 일이다. 돛이 바람과 같은 방향이 아닐 때 일어날 수 있는 3가지 일은 다음과 같다. 첫째, 당신의 배는 뱅글뱅글 돌게 될 것이다. 둘째, 제자리에 묶여 전혀 움직이지 못할 것이다. 마지막으로 당신의 배는 뒤집어 질 것이다. 어떤 경우도 당신은 앞을 향해 나갈 수 없다. 당신은 반복되는 고통, 좌절 그리고 문제들 안에 갇히게 된다.

잘못된 생각의 벽을 허무는 것을 통해서, 당신은 삶을 변화시키고 앞으로 나아가게 된다. 잘못된 생각을 중단하는 극적인 정신적 변화를 통해서, 항해의 영역은 더욱 넓어질 것이다. 당신의 돛을 바르게 고정시켜서, 바람을 타고 자유롭게 움직일 수 있도록 해 줄 것이다. 그 바람은 당신의 잘못된 생각을 바꾸시고, 그것을 진리로 변화시키시는 성령님이시다.

앞으로 살펴보겠지만, 당신 자신의 삶을 사는 용기는 당신이 현재 살고 있는 삶을 자세히 살펴볼 것을 요구한다. 당신은 지금 자신의 삶을 살고 있는가? 아니면 타인의 삶을 살고 있는가? 만일 당신이 하나님께서 당신에게 주신 당신의 삶을 책임지고 있지 않다면, 당신은 살고 있는 것이 아니다. 이 세계에 당신과 동일한 사람은 아무도 없다. 하나님을 찬양하고 경배하는 가장 위대한 방법 중 하나는 자신만의 유일한 삶에 집중하는 것이다. 이런 이유 때문에, 우리는 마지막 장을 통해 '타인의 삶을 사는 것을 중단하는 것'에 대해 이야기할 것이다.

8장

다른 사람의 삶을 사는 것을 중단하라

당신은
누구의 삶을 살고 있는가?

✚

당신 자신을
그리고 인생목표를 발견하기

✚

자신의 선언문을
작성하라

✚

단절된 삶을 더 이상
선택하지 마라

결혼 후 6개월이 지났을 무렵, 나와 피트는 스페인어를 배우기 위해 중앙아메리카로 이사를 갔었다. 그해가 끝나갈 때 피트는 산디니스타와 콘트라간의 시민전쟁이 막바지로 치닫고 있던 니카라과를 방문하고 싶어 했다. 우리가 스페인어를 할 줄 알고, 그곳 안내를 도와줄 사람이 니카라과의 수도 마나과에 있었다는 점으로 나를 설득했다. 첫째 딸을 임신한 지 6개월째 되던 때였다. 따라서 나는 전쟁 중이었던 나라를 최적의 휴가 장소로 생각할 수 없었다. 그러나 나는 피트와 함께 가기로 했다.

전쟁 중이었기 때문에 그 나라로 들어가는 버스는 일주일에 단 한 대, 단 한 차례뿐이었다. 눅눅한 화요일 아침, 우리는 산맥을 통과하는 일일 관광을 하기로 하고, 코스타리카에서 출발하는 오래된 버스를 탔다. 겨우 7명의 사람들만이 그 넓은 버스 안에 있었다. 모두가 전쟁 중의 싸움을 피해서 아이들을 코스타리카로 데려갔던 어머니들이었다. 그들은 니카라과에서는 살 수 없는 물품들과 화장지로 가득 찬 커다란 짐 가방을 가지고 있었다.

버스는 세 시간을 지연한 후에 출발했다.

운전사는 빨리, 아주 빨리 운전을 했다. 우리가 니카라과에 근접하는 산맥 지역에 도달했을 때, 운전사는 고가의 스포츠카 페라리를 운전하는 것 같은 속도로 달리기 시작했다. 문제는 산맥지역 도로의 어디에도 추락을 막아줄 난간이나 어떤 안전장치도 없다는 점이었다. 운전사의 속도로 인한 나의 불편함은 두려움을 넘어 완전한 공포로 변했다.

나는 버스 앞 쪽을 향해 넘어지듯 나아가, 더듬거리는 스페인어로 천천히 운전해 줄 것을 사정했지만 소용없었다.

나는 무릎을 꿇고 기도했다.

그리고 다리사이에 내 머리를 넣고 바닥에 앉았다.

급기야 나는 울음을 터뜨렸다. 그러나 그 역시 운전사의 질주를 막지 못했다.

피트가 그에게 속도를 줄이라고 소리쳤지만, 운전사에게는 아무 소리도 들리지 않는 듯 했다. 결국 나는 "좋아요. 하나님, 저는 지금이 제 삶의 마지막 순간이라는 것을 알아요. 제발 빨리 끝나게만 해주세요."라고 기도했다.

버스는 통제가 불가능한 상태로 보였다. 다만, 절벽 너머에 도달할 순간이 빨리 오기만을 바라고 있었다.

그때 일이 생겼다.

버스가 고장 난 것이다.

버스 운전사는 재빨리 후드를 열어 연기가 나는 엔진을 검사하고는 머리를 흔들며 "정말 심각한데"라고 말했다. 그는 버스 주위를 왔다 갔다 했다. 약 한 시간 후 트럭 한 대가 멈추자 그는 버스에 올라와 차 상태에 대해 이야기한 후, 자신은 돌아오지 않을 것이라고 안내방송을 하듯 말하곤 트럭과 함께 떠나버렸다.

나는 바로 어제 일처럼 그때 일을 기억한다.

아무것도 없는 풀밭 한가운데, 버스 운전사에게 버스와 함께 버려진 채, 목적지에서 수마일은 떨어진 곳에 앉아 있었다. 그리고 난 내 인생의 가장 행복한 순간을 경험하는 중이었다.

내 삶이 회복되고, 너무 흥분 됐다.

우리는 걷기도 하고, 지나가는 차를 얻어 타기도 하며, 또한 택시를 타기도 하면서 니카라과의 수도로 향했다. 이 모험담은 또 다른 이야기를 위한 것이다. 내가 내 삶이 아닌 다른 사람들의 인생을 살고 있다고 느꼈던 내 결혼생활의 첫 8년의 시기가 어떠했는지를 이 경험담이 보여준다.

중앙아메리카에서 스페인어를 배우고, 뉴욕으로 이사하고, 아이를 갖고, 퀸즈에 교회를 개척했던 8년의 삶은 롤러코스터를 타고 있는 것과 같은 시간이었다. 나는 다른 사람이 운전하는 통제불능의 버스 뒷좌석에 앉아 있었다. 그러나 버스에서 내리기에는 무기력하게 느껴졌다. 슬프게도, 이 경험은 나를 거의 죽음의 문턱까지 데려가 피트에게 버스에서 내리길 원한다고 말하게 만들었다.

당신은 누구의 삶을 살고 있는가?

아일랜드 극작가 조지 버나드 쇼는 그의 삶이 끝나갈 쯤, 역사상 어떤 사람을 가장 닮고 싶어 했는지에 관한 질문을 받았다. 그는 자신이 되길 원했던 조지 버나드 쇼이길 열망했지만, 결국 그렇게 되지 못했다고 대답했다.

당신은 어떤가? 당신은 누구의 삶을 살고 있는가? 자기 자신의 삶을 살고 있는가? 아니면 다른 누군가의 삶을 살고 있는가? 다음은 당신이 타인의 삶을 살고 있는 건지 분별할 수 있도록 도와주는 몇 개의 힌트들이다.

- ▶ 당신은 다른 사람들이 당신을 어떻게 생각하는지에 너무 많은 신경을 쓴다.
- ▶ 당신은 거짓말을 한다.
- ▶ 당신은 다른 사람들을 비난한다.
- ▶ 당신은 상황을 회피한다.
- ▶ 당신은 가짜 평화가 그것이 없는 것보다 낫다고 믿는다.

- 당신은 당신이 하길 원치 않을 때조차 '예'라고 말한다.
- 당신은 강자에게 맞서지 않는다.
- 당신은 자신의 행복을 희생하면서 다른 사람들을 계속 행복하게 하는 것에 관심이 많다.
- 당신은 자신이 무엇을 선호하는지 확실히 알지 못한다.

당신의 인생 버스를 당신이 운전하고 있는가? 아니면 운전대를 다른 사람에게 맡겨 왔는가? 하나님께서는 우리에게 다른 사람이 운전하는 버스에서 내릴 것을 요구하신다. 예수님께서도 그러셨다.

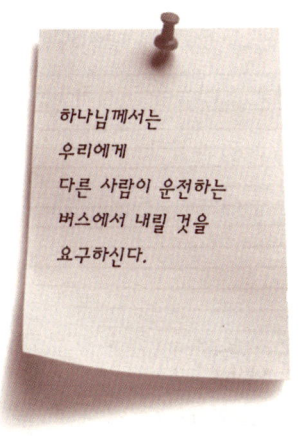

하나님께서는 우리에게 다른 사람이 운전하는 버스에서 내릴 것을 요구하신다.

예수님께서 고향 나사렛에서 자신이 메시야라고 선언하셨을 때, 그의 이웃들과 오래된 친구들은 말 그대로 그를 절벽으로 밀어버리려고 했었다. 그러나 예수님께서는 하나님께서 그를 위해서 준비하신 삶을 신실하게 살기 위해서 그들 사이를 통과해 지나가셨다(누가복음 4:28-31). 군중들이 "호산나, 우리를 구원 하소서"라고 외치며 예수님을 왕으로 삼길 원했을 때에도, 예수님은 그의 삶을 향한 사람들의 요구가 아버지의 뜻과 맞지 않다는 것을 아시고 그들의 찬양을 무시하셨다(요한복음 6:14-15).

8장 다른 사람의 삶을 사는 것을 중단하라

한 번 이상, 예수님께서는 자신의 어머니를, 그리고 형제들(마가복음 3:21)을, 제자들을, 군중들과 종교지도자들(요한복음 6:41-62)을 실망시키셨다. 다른 사람의 삶을 살라는 예수님을 향한 압력은 엄청난 것이었다. 하지만 예수님께서는 성령님의 능력으로, 그리고 하나님과의 교제를 통해서, 그에게 주어진 아버지의 사역을 마치심으로서 자신의 삶과 목적에 진심으로 머무셨다(요한복음 17:4).

하나님께서는 당신과 나에게도, 예수님처럼 우리 주위의 혼란스러운 소리들을 무시하고, 전심으로 하나님께 인도받는 삶을 추구하라고 권하신다. 우리가 그렇게 할 때, 우리와 우리 주변에 있는 모두가 새로운 자유를 경험하게 된다.

당신 자신을 그리고 인생목표를 발견하기

종교 개혁자이며 신학자였던 존 칼뱅은 "우리는 그의 만드신 바라"(직역하면 '걸작', 에베소서 2:10)는 표현보다 크리스천을 더 훌륭하게 설명한 것은 없다고 말했다. 은하계와 별, 그리고 태양계는 숨이 멎도록 하나님의 영광을 나타내며 우리를 압도시키지만, 오직 새로운 탄생을 경험한 인간만이 하나님의 '걸작'이라고 불린다.

'걸작'은 평범한 기술자가 만든 것이 아니라, 천재적으로 숙련된 기술자의 손에 의해 만들어진다. '걸작'이란 오직 하나뿐인, 절대로 세상에 반복될 수 없는 작품을 의미한다. 그것이 바로 당신이다. 당신은 하나님의 오직 하나뿐인, 절대로 세상에 반복될 수 없는 작품이다. 그렇지만, 하나님의 '걸작'으로서 당신의 아름다움은 죄로 인해 파괴되었다. 회복의 과정은 일생동안 매우 느리게 일어나며, 많은 희생을 요구한다.

> '걸작'이란 오직 하나뿐인, 절대로 세상에 반복될 수 없는 작품을 의미한다. 그것이 바로 당신이다.

미켈란젤로의 시스티나 성당은 역사상 가장 뛰어난 예술적 성취들 중 하나로 여겨진다. 1508년부터 1512년까지, 이 예술가는 누워서 천지창조, 타락 그리고 홍수로 인한 인간의 멸망을 그렸다. 그러나 이 그림들은 이것들을 그린 직후 거의 사라지기 시작했다. 백년 정도가 흐르자 누구도 원래 색깔이 어떠했는지 기억하지 못했다. 1980년, 이 성당은 새롭게 꾸며졌다. 골조가 만들어졌다. 미켈란젤로의 귀중한 걸작이 있던 천장도 단장할 계획이 세워졌다. 담당자는 특별한 용액을 1~2 평방인치로 나누어 사용하는 정밀한 복원 작업을 진행했다. 12년 정도가 지나 시스티나 성당의 천장은 모두 말끔히 청소되었다. 누구도 이렇게 놀라운 결과가 나타날 것이라고 예상하지 못했다. 그동안 그 누구도 미켈란젤로가 파란 창공, 풀, 장미, 라벤더에 이처럼 생동감 있는 색을 입힐 수 있는 전문가였음을 알지 못했다. 얼룩과 먼지 아래 정열적인 색들이 매장되어 있었던 것이다. 450년이 지나 처음으로 사람들은 그 걸작이 원래 의도했던 모든 색과 아름다움을 그대로 볼 수 있었다.[1]

당신의 독특한 운명과 인생을 덥고 있는 거짓된 표면들을 벗겨내는 것은 복잡한 일이다. 파커 팔머는 그것을 다음과 같이 묘사한다.

> "우리 대부분은 낯선 땅을 통과하는 긴 여정을 통해서만 자아의식에 도달한다. 하지만 이는 여행사에서 판매하는 말썽 없는 '패키지 여행상품'과는 다르다. 오히려 오랜 전통의 순례 - 고난, 어둠 그리고 위험으로 가득 찬 '성지로 향하는 변화의 여행'이다."[2]

우리의 독특한 삶을 분별하는 또 다른 방법은 하나님께서 주신 '비밀지령'을 발견하는 것이다.[3] '비밀지령'이란 역사적으로 목적지나 임무를 세부적으로 기록하여 선장에게 주는 명령을 말한다. 이것들은 특정한 시간과 장소에 도착된 후에라야 열어볼 수 있는 것이었다. 하나님께서 우리의 인생을 위해 주신 '비밀지령'도 이와 유사하다. 하나님께서는 우리가 우리에게 주어진 작은 일상생활에 주목할 때, 그것들을 열어보도록 권유하셨다. 작가 쉘라 리안은 명료하지만 깊이 있게 이 과정을 묘사한다.

> "비밀지령을 실행하는 내 삶의 특별한 목적을 접하게 될 때, 나는

위로, 옮음, 그리고 온 몸의 평안함을 깊이 느끼게 된다. 나는 정의감을 생리학적으로 표현할 수 있다고 믿는다. 왜냐하면 우리 삶의 목적은 우리 신체의 모든 세포들 위에 세워지기 때문이다."[4]

우리 삶을 위한 하나님의 특별하신 목적을 발견하는 것은 한 순간의 결과가 아니라 긴 시간이 요구되는 과정이다. 진정한 자아와 건강한 영성을 찾는 여정 가운데 우리가 만날 수도 있는 모든 것들을 예측하는 것은 불가능하다. 그러나 아래 4가지 실천사항은 믿을 만한 길잡이가 되어줄 것이다.

- ▶ 당신의 고귀함을 발견하라.
- ▶ 자신 내면의 리듬에 귀 기울이라.
- ▶ 경계를 정하라.
- ▶ 다른 사람의 것들은 손에서 놓아라.

당신이 이 실천사항들을 적용할 때, 당신은 세상에서 당신의 특별한 목적을 성취하는 즐거움에 둘러싸이게 될 것이다. 또한 하나님과 함께 하는 여행에 참여하게 될 것이다.

1. 당신의 고귀함을 발견하라

다른 사람의 인생을 사는 것이 아니라, 당신 자신의 인생을 사는 여정은 당신의 고귀함을 발견하는 것에서부터 시작된다. 당신의 고귀함을 발견하기 위해서는 당신에게 무엇이 중요한지를 인식하고 정의하는 것이 필요하다. 여기서 '고귀함'은 반드시 하나님의 가치와 함께해야 한다. 예를 들어, 당신의 고귀함을 위해서는 학대받는 관계를 끊어버려야 한다. 그러나 배우자에 대한 사랑의 감정이 더 이상 없다는 이유로 배우자를 버리는 것은 당신의 고귀함을 위한 것이 아니다.

내면의 갈등으로 힘들어 하는 누군가를 도울 때, 나는 자주 "당신의 고귀함은 무엇인가요?"라고 질문하곤 한다. 대부분의 사람들은 대답을 망설인다. 자신이 가치를 두는 것이나 자신들이 믿는 것들에 대해 깊이 생각해 본 경험이 없기 때문이다. 그들은 자신의 내부와 외부, 그리고 자신의 행동과 가치들 사이의 불화를 거의 생각해 본 적이 없다.

이 질문 뒤에는 또 하나의 질문이 있다. "당신에게 중요한 것은 무엇인가?"이다. 이 질문에 대답할 충분한 시간이 주어지지 않는다면 당신은 당황하게 될 것이다. 순간 다른 사람들의 기대에 대한 부담감의 공포가 당신을 이끌 것이다. 결국 당신은 자신이 생각하는 가장 중요한 것이 아닌 오히려 그것에 반하는 것으로 결정짓게 될 것이다. 나의 고귀함을 위해서 내게 중요한 것을 확고히 하고 그것들을 실행하라. 내 가치가 요구하지 않는 다른 일정들로 내 시간을 채우려는 다른 사람들의 압박을 이기지 못한다면, 나는 내 고귀함을 존중하지 못할 것이다. 내가 내 고귀함을 존중하기 위해 실행했던 일들은 다음과 같다.

- ▶ 정서적 건강, 결혼과 관련된 문제, 그리고 교회 안팎으로 증가하는 사람들을 돕기 위한 신학 등을 위해 추가적으로 필요한 훈련을 받았다.
- ▶ 결혼생활을 위해 시간과 돈을 지속적으로 투자했다. 주말 휴가를 떠나고, 교육자나 치료자들과 관계를 맺었다. 멘토들과 비형식적인 훈련을 받기도 했다.
- ▶ 피트와 내가 정서적으로 건강한 영성과 관련되어 가르쳤던 내용들이 반영된 우리의 삶을 창조했다. 우리가 살지 않는 삶을 가르치기를 원하지 않았다.
- ▶ 간결한 삶을 통해 불필요하게 낭비되는 것들을 없앴다. 예를 들어 일회용품의 사용을 줄였다. 텔레비전을 없애고 우리가 선택한 DVD만을 시청했다.

불분명한 것들에 매몰되지 말고, 확신을 갖고 굳건하게 서라. 모든 말씀이 선포되고 이루어질 때, 아버지의 뜻을 믿는 믿음이 굳건해지고, 사랑 안에서 성장해 가는 것보다 더 중요한 것은 없다. 내가 하나님께서 요구하지 않으셨던 일들을 하려고 하거나, 과도하게 일하려고 할 때, 나의 능력은 줄어든다. 가끔 나는 자신에게 이런 질문을 한다. "만일 내가 '예'라고 대답한다면, 사람들은 나를 어떻게 생각할까? 내가 남을 더 또는 덜 사랑하는 사람이 되는 것일까?"

다른 사람들의 기대와 요구에 지속적으로 반응하며 사는 것보다, 자기 자신에게 무엇이 중요한지를 계속적으로 확인하며 사는 삶이 에너지를 덜 소모하는 삶이다.

2. 자신 내면의 리듬에 귀 기울여라

모든 창조물들은 자연적인 리듬을 가지고 있다. 이것은 우주만물에 나타난 하나님의 솜씨 중 하나이다. 밤과 낮, 겨울과 여름 그리고 바다와 별들은 저마다의 리듬으로 움직인다. 모든 창조물들은 내면에 건강한 삶을 유지시켜주는 각자의 리듬과 시계를 가지고 있다. 인간의 신체는 자고, 먹고 그리고 숨 쉬는 리듬을 가진다. 만일 하나님께서 주신 이 놀라운 선물을 무시하고, 일주일에 70시간씩 일하거나, 먹지도, 자지도 않는 다면 매우 고통스러울 것이다. 우리 한계를 넘어 우리 몸을 혹사시키는 것은 우리가 가진 리듬을 깨뜨리는 것이다.

신체의 이런 리듬처럼 우리의 정서와 영적 세계도 리듬을 가지고 있다. 또한 신체 리듬과 동일한 역할을 하고, 동일하게 적용된다. 만일 하나님과의 관계를 무시하고, 영혼의 리듬을 무시한다면, 우리 영혼은 죽어갈 것이다. 만일 기쁨과 즐거움이 자라지 못한다면, 우리는 깊은 침체의 구덩이에 빠지게 될 것이다.

우리가 일을 멈추고 휴식할 때, 자연 리듬이 스스로 재생되어, 하나님께서 의도하셨던 균형 상태를 찾아 갈 것이다. 그러나 우리는 압박과 조급함 때문에, 자신의 리듬에 귀 기울이지도, 그것을 존중하지도 않는다.

한 가지 더 알아야 할 사실은, 우리는 인간으로서 공통된 리듬을 가지지만, 그와 동시에 각각 저마다의 리듬도 가지고 있다는 것이다. 우리에겐 다양한 개인적 내면의 시계가 존재한다. 당신에게 최선인 것이 당신 주위에 있는 사람들에게도 최선인 것은 아니다. 리듬은 적절한 시기와 관련이 있다. 관계를 맺을 것인지, 아니면 관계를 끊을 것인지, 머물 것인지, 아니면 떠날 것인지, 사람들과 함께할 것인지, 아니면 갈라설 것인지, 일할 것인지, 쉴 것인지에 대한 저마다의 리듬이 있다. 예수님께서는 자신의 리듬에 집중하셨으며, 또한 그것을 존중하셨다. 그는 다른 마을로 이동해야 할 때를 아셨다. 그는 홀로 있어야 할 때를 아셨다. 그는 다섯 명 혹은 오천 명과 함께 있어야 할 때를 아셨다. 그는 설교해야 할 때를, 그리고 기도해야 할 때를 아셨다.

나는 아침에 제일 먼저 운동을 하는 것이 좋다. 그리고 하나님 앞에서 묵상의 시간을 갖는다. 내가 가진 내면의 시계는 저녁이 되면, "피트와 대화할 최고의 시간이다. 그리고 잠자리 들기 전에 성경을 읽으라."고 말한다. 하지만, 피트의 리듬은 나와 정 반대이다. 그는 아침에 묵상의 시간을 먼저 갖은 후에 운동하는 것을 좋아한다. 저녁때 그의 내면의 시계는 "성경을 먼저 읽는 것이 좋고, 잠자리 들기 전에 게리와 대화하라."고 말한다. 긴 시간이 지난 후에야 우리는 서로의 다른 리듬을 알고 이해할 수 있었다. 그 후 서로의 리듬을 존중하고 타협할 수 있었다.

나의 어머니는 아주 많은 사람들을 순식간에 접대 할 수 있는 엄청난 능력을 가지신 놀라운 분이셨다. 어머니는 20명이 넘는 사람들을 위한 저녁식사를 자발적으로 준비하시곤 했다. 85세가 된 어머니의 내면 리듬은 집에 사람이 가득 차야 한다고 말한다. 결혼 한 후, 나는 어머니의 리듬을 따라 살려고 노력했었다. 때문에 우리 집은 타지에서 온 손님들, 소그룹 사람들, 사교모임 사람들, 그리고 딸들의 친구들로 늘 북적거렸다. 내 리듬은 다르다는 것을 생각하지 않은 채, 어머니 리듬처럼 살려고 시도하며 살던 삶은 몇 년을 넘기지 못하고 날 지치게 했다. 어머니는 사람들과 함께 있는 시간을 통해 힘을 얻는 사람이었다. 그런 시간이 많이 필요한 어머니와 달리, 나는 홀로 있는 시간이 더 많이 필요한 리듬을 가진 사람이라는 것을 인식하게 되었다.

다른 사람의 다른 리듬을 존중하는 것은 직장에서, 친구와의 관계에서, 교회에서, 결혼생활에서, 대가족 관계에서 그리고 심지어 육아활동에서 서로의 필요와 선호도를 존중하고 협상하는 것을 의미한다.

당신의 내면의 리듬에 귀 기울이는 일을 시작하기 위해, 다음의 질문들을 던져보라.

과 일이 나를 끌어 당겼다. 피트가 만든 계획의 정글 속에서 나 자신을 잃고 헤매는 삶을 살았다. 기도하고, 생각하며, 나의 경계를 정해 나의 '예'와 '아니오'를 선택했을 때, 그런 삶을 멈출 수 있었다.

4. 다른 사람의 것들을 손에서 놓아라

다른 사람의 삶을 사는 것을 중단하는 것은, 다른 사람들과 건강한 경계를 가지는 것과 함께 타인의 삶을 관리하고 운영하려는 시도를 멈추는 것도 요구한다. 타인의 삶을 통제 하는 것은 많은 시간과 에너지가 소모되는 일이다. 이 때문에 정작 당신 자신의 삶에는 집중하지 못하게 한다.

다른 사람들이 우리와 다르게 생각하고, 느끼고, 행동할 때, 우리는 긴장하는 경향이 있다. 이것은 그들을 통제하고 싶어 하는 중력을 만들어 낸다. 만일 당신이 부모라면, 이것이 얼마나 강력한 유혹인지 알 것이다.

나는 네 명의 생기 넘치는 딸들의 유년시절 내내 그들을 돌보고, 먹이고 그리고 보살폈다. 말 그대로 그들은 나에게 자신들의 삶을 의지했고, 그리고 당연히 나는 그들을 나 자신의 연장선상에서 생각했다. 그러나 하나님께서 내게 주신 임무에는 그들이 나로부터 분리될 수 있도록 의도적으로 돕는 것도 포함되어 있다.

나는 고등학생이 된 딸이 15만 원이 넘는 신발을 사고 싶어 했던 것을 기억한다. 그때 나는 "그건 말도 안 돼! 절대로 그렇게 많은 돈을 신발 한 켤레에 쓸 수 없어."라고 말했다. 긴장되고, 스트레스를 받고 있음을 느낄 수 있었다. 어떤 방향으로 딸을 이끌어줘야 할까? 딸은 내가 가진 기준들에 불만을 토했다. 내가 생각하는 돈의 사용과 계획, 신발 한 켤레의 적절한 가격, 도덕적 가치가 딸에게도 동일하게 여겨지지 않는 듯 했다. 그 당시 나는 내가 생각하는 가치가 누구에게나 가장 적합하고 옳은 것이라고 생각했었다.

강력하고 끈질긴 나의 만류에도 불구하고, 내 딸은 15만 원의 돈은 신발을 위한 가치 있는 투자라는 생각을 포기하지 않았다. 결국 내 딸은 나를 굴복시키고, 그 신발을 샀다. 6년이 지난 지금도 여전히, 그 신발은 내 딸이 가장 좋아하고 가장 자주 신는 신발이다. 그때 나는 질 좋은 물건을 사는 딸의 기호를 내가 배울 수도 있겠다고 생각했었다. 이것은 나에게 중요한 교훈을 주었다. 딸의 선호도는 단순히 나와 다를 뿐만 아니라, 어떤 것은 내 것 보다 더 지혜로울 수도 있다는 것이다.

우리 아이들과 우리와의 차이점을 존중하며 나아가는 것은 지금도 계속되고 있다. 내가 춥다는 것이, 그들도 춥다는 것을 의미하지 않는다. 내가 더운 날씨로 인해 목마르기 때문에, 그들도 목마른 것은 아니다. 나는 바깥에서 운동하는 것을 좋아할 수 있지만, 그것이 그들도 그렇다는 이유가 되지 않는다. 나는 아이들 방을 핑크색으로 칠하고 싶었다. 나는 아이들이 악기를 배우길 원했다. 하지만 그들은 다른 색으로 그들의 침실을 칠하고 싶어 했고, 악기 수업에는

- 사람들과 언제 함께 해야 하는지, 그리고 언제 홀로 있어야 하는지 알고 있는가?
- 언제 쉬어야 하는지, 언제가 가장 최적의 작업시간인지 알고 있는가?
- 당신은 어느 정도의 수면시간이 필요한가?
- 언제 식사를 하는가?
- 무언가를 기다릴 시간인가 아니면 움직여야 할 시간인가?
- 당신의 삶의 속도는 어떠한가?
- 건강한 삶의 균형과 행복한 일상생활을 위해 무엇을 하는가?
- 하나님께서 주신 리듬에 발맞추기 위해서, 바꾼 행동은 무엇인가?

3. 경계를 정하라

누구와의 경계를 정해야 하는가? 대답은 간단하다. 모든 사람들과 이다. 여기에는 당신의 부모님, 형제자매들, 배우자, 자녀들, 친구들, 동료들, 그리고 심지어 당신의 애완동물까지 포함된다. 당신이 우회하는 것을 피하고, 당신을 위한 하나님의 길을 정직하게 따르기를 원한다면, 반드시 경계를 세워야 한다.[5]

사람들이 무엇인가를 원하는 것은 나쁜 것이 아니다. 사람들은 언제나 당신의 시간, 돈, 기술, 참여, 동조 등 당신이 가지고 있는 것들 중에 그들에게 필요한 것을 원한다. 그리고 이것은 지극히 정상적인 현상이다.

이 사실이 그들을 나쁜 사람으로
만들지 않는다. 우리 모두는 우리가
필요로 하는 것을 원한다. 그러나 누
군가가 무언가를 당신에게 원한다는
것이, 당신이 반드시 그 누군가에게
그 무언가를 제공해야 한다는 뜻은
아니다. 다른 사람이 원하는 것을 하
거나 다른 사람이 원하는 사람이 되

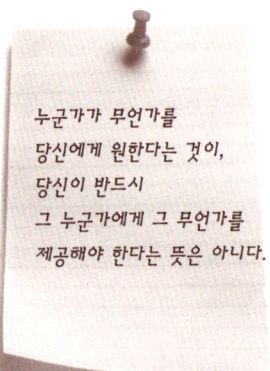

누군가가 무언가를
당신에게 원한다는 것이,
당신이 반드시
그 누군가에게 그 무언가를
제공해야 한다는 뜻은 아니다.

는 것이 더 쉬울 수도 있다. 그러나 중요한 것은 "긴 호흡, 긴 인생을
위한 최선이 무엇인가?" 이다.

하나님께서 주신 당신의 본문과 삶에 충실하기 위해, 또한 당신
을 위해 경계를 정하는 것이다. 그렇지 않으면, 당신은 타인의 다양
한 요구에 묻혀버리고 만다. '융합' 이라는 단어는 철이 함께 녹아
서 자신의 고유의 특성을 잃어버릴 때 일어나는 현상을 묘사하는
물리학 용어이다. 타인의 삶과 자신이 섞여 자신만의 고유성을 잃
어버릴 때 '감정적 융합' 이 일어난다.[6]

피트는 셀 수 없이 많은 창조적인 생각을 가진 지도자이다. 동시
에 많은 일을 처리할 수 있는 큰 능력을 가진 사람이기도 하다. 그러
나 나는 아니다. 내가 피트가 만든 경계에 의해 살려고 애썼을 때의
내 삶은 떨어지지 않기 위해 롤러코스터를 꼭 잡고 버티고 있는 것
같은 모습이었다. 피트와 결혼하면서 자연스럽게 피트의 많은 계획

거의 흥미를 보이지 않았다.

아이들이 십대가 되고, 청년이 되었다. 그들을 그들 자체로 두기 위해서 그들이 데이트를 하는 문제, 결혼의 문제, 그들의 직업과 대학을 선택하는 것, 그리고 그리스도를 따르는 것을 결정하는 것 등 점차 많아지고 중요해지는 선택들에 대한 통제도 풀어줘야만 했다. 절대 오해하지 말라. 나는 부모가 자녀가 좋은 선택을 하도록 인도하는데 결정적인 역할을 한다고 믿어 의심치 않는다. 만일 자녀들이 부모나 타인에게 상처를 입히는 행동을 한다면, 그런 행동을 지속하지 않도록 개입해야 할 책임이 부모에게 있다. 그러나 우리 자녀들 삶 속에는 옳고, 그른 것과는 상관없는 결정들이 많이 있다. 이것들은 다만 선호에 의한 선택일 뿐이다. 단지 그 선택이 우리의 것과 다를 뿐이다.

타인의 삶을 인정하고, 존중하는 것은 부모의 역할에만 국한된 문제는 아니다. 다양한 삶의 영역에서 필요하다. 예를 들어, 우리는 교회에서 어떤 옷을 입어야 하는지, 또는 어떻게 행동해야 하는지, 그리고 영적인 삶을 어떻게 충족시켜야 하는지를 사람들이 알아야만 한다고 생각한다. 그리고 사람들의 옷 스타일이나 행동양상들이 우리의 기준과 맞지 않는 것을 견디기 힘들어 한다. 때로 사람들은 우리의 영적 공동체를 떠나 다른 곳으로 가기도 한다. 이때 우리는 두 가지 선택을 할 수 있다. 떠난 사람들에게 분개할 수도 있고, 우리와 다른 그들의 여정을 인정해 줄 수도 있다. 사람들은 각각 다른 정치적 입장을 가진다. 동일한 국제적 문제지만 저마다 다른 판단을 한다. 나와 다른 의견과 선호를 대할 때, 우리는 그 생각을 이해하기 위해 질문을 하거나 이야기를 더 들을 수 있다. 아니면 편협하게 인식하며, 불쾌해 할 수도 있다.

당신은 언제 다른 사람의 다름을 인정하는가? 그리고 언제 다른 사람의 다름을 내 기준으로 판단하고 불편해 하며 분노하는가? 이것은 우리의 영적 성장을 분별할 수 있게 해 주는 리트머스 시험지가 될 수 있다.

생각해 보라. 당신은 언제, 어디서, 그리고 누구를 그대로 두어야 하는가? 단지 선호도의 문제임에도 당신의 기준이 최고라고 생각하는 유혹에 빠질 때는 언제인가? 당신 기준에 따른다면 절대로 해서는 안 되는 결정을 한 사람이 당신 주변에 있었는가? 그 사람들의 이름을 말해 보라. 그 사람들의 결정을 그대로 인정했던 것은 어떤 것들이었는가? 반대로 그 사람들에게 그 결정을 변경하도록 강력하게 주장했던 것은 어떤 것들이었는가? 기도하면서 그 사람들과 그 사람들의 상황들을 하나님께 맡겨라. 그것들을 내려놓는 것이 하나님께서 당신을 위해 준비한 새로운 것으로 당신을 얼마나 놀랍게 인도하시는지 기대하라.

자신의 선언문을 작성하라

내가 2년 동안 참석했던 훈련의 정점은 나의 믿음과 가치관에 대해 공식적으로 기록하는 선언문 작성이다. 시와 에세이 그리고 성경 말씀 등 다양한 형태로 그리스도와 함께 했던 나의 여정을 요약하고 정리하는 것을 시도했었다. 퍼즐 조각을 맞추듯, 과거, 현재, 미래로 구성된 내 인생의 큰 그림을 보기 시작했다. 예수님 안에서의 내 진정한 자아와 내 삶만의 독특한 색들이 겹겹이 쌓인 먼지의 층을 뚫고 나와 본연의 빛을 발하고 싶어 했다.

이것들을 천천히 종이에 적은 후에 책상 앞 벽에 붙였다. 이 작업은 지금도 진행 중이다. 이것은 타인의 삶을 사는 것을 멈추고, 나 자신의 삶을 살기 위한 중요한 단계가 되었었다. 이것이 바로 나의 믿음과 가치관을 표현한 '개인 선언문'이다.

당신도 당신 자신의 선언문을 만들고 싶어 할지도 모른다. 그것이 좋은 일일 것이다. 당신이 가고자 하는 방향을 더 잘 발견하고 그것을 도울 수 있도록 나의 선언문을 당신과 공유하려고 한다. 아래 선언문의 내용은 내 인생 여정의 특별한 단계들에서 필요한 것들이었다. 하지만 이것들이 당신 인생 가운데 당신에게 하시는 하나님의 말씀을 발견하는 것을 도와줄지도 모른다.

▶ 결혼의 기쁨, 가족과 함께하는 즐거움, 좋은 음식, 태양의 따스함, 별이

가득한 밤, 물을 통해 느껴지는 몸의 느낌, 허브와 꽃의 향기, 색채의 아름다움, 그리고 모든 사람 가운데 있는 하나님의 형상, 이와 같은 것들을 즐기면서 하나님의 선하심을 맛보라.

- 침묵을 가장 좋은 친구로 여겨라.
- 일이 잘 풀리지 않을 때, 하나님께서 앞으로 주실 놀라운 것들을 기대하라.
- 질문은 신속하게, 그러나 충고는 천천히 하라.
- 마음을 평안히 하고, 휴식을 취하라. 하나님을 아는 것이 가장 중요한 일이다.
- 마음과 뜻과 영혼을 다해 주 너의 하나님을 사랑하라. 당신이 사랑하는 것을 통해서 강해져라.[7]
- 자신을 사랑하는 것 이상으로 이웃을 사랑하지 말라. 다만, 나 자신처럼 이웃을 사랑하라.
- 겸손하게 행하고, 긍휼히 여기며, 정의롭게 행하라(미가 6:8). 그러나 이렇게 행하기 위해 수백 마일의 사막을 무릎으로 뚫고 나가야하는 것은 아니다.[8]
- 하나님께서 인간에게 부여하신 한계를 존중하라. 그러나 잘못된 한계들은 극복하라. 그렇지 않으면 다른 사람들에게 큰 상처를 주게 될 것이다.[9]
- 이런 말이 있다. "어둠 가운데 보물이 있다. 그것은 풍성한 과거를 계산하는 것을 포함한다."[10]
- 행복하지 않은 사람은 많은 사람을 도울 수 없다.
- 사슴의 지혜를 기억하라. 아름답지만 불완전하기도 했다. 이 모든 것을

인정하라.[11]
- ▶ 모든 것이 나를 지도하기 위해 주어진 것이다. 밝은 것이든, 어두운 것이든, 모든 생각과 감정을 내게 찾아온 손님으로 여겨라.[12]
- ▶ 빵과 물고기를 기억하라. 하나님은 내 인생의 근원이시다(요 6:1-13).
- ▶ 연어를 기억하라. 정상에서 멀어지지 말고, 신비와 은혜를 경험하기 위해 정상을 향해 가라.

연어는 산란을 위해 중력에 저항하며 물줄기를 거슬러 상류로 올라간다. 연어는 아마도 그들에게 향하는 강한 물줄기 가운데에서 자신들의 아랫배를 어떤 방향으로 돌려야 하는지를 잘 알고 있을 것이다. 강물이 그들을 정면으로 친다. 그러나 이 충격은 연어를 폭포 위로 더 높이 떠오르게 한다. 연어들은 폭포를 거슬러 올라가는 내내 이 과정을 지속적으로 반복한다. 물줄기에 의지하는 연어들만의 이 특별한 방법이 그들을 정상으로 가게 한다. 멀리서 보면, 물고기들이 마치 날아오르는 것만 같아 보인다.

당신이 자신의 고귀함을 발견하고, 자신의 내면의 리듬을 듣고, 그대로 둘 줄 안다면, 연어처럼 당신은 자신과 우리의 문화 가운데 있는 강한 물줄기를 거슬러 밀고 올라갈 수 있을 것이다. 기적은 당신이 이것들을 행하여 당신을 위협하는 강력한 폭포위로 넘어올라가는 것이다. 이제 당신은 하나님께서 주신 '비밀지령'을 실천하는, 하나님께서 주신 아름다운 삶의 즐거움을 만끽하는 삶을 살 것이다.

단절된 삶을 더 이상 선택하지 마라 [13]

당신은 어떤 문제들에 대한 해결책들을 구하려고 이 책을 보았을지도 모른다. 어쩌면 당신은 누군가가 당신의 삶에서 제외되길 바라는 마음으로 본서를 집어 들었는지도 모른다. 하지만, 나의 관심사는 그리스도 안에서 변화를 위한 새로운 비전을 당신에게 제공하는 것이다. 또한 이를 위해 잘못 이해했던 성경의 진리를 재고시켜 줄 수 있는 몇 가지 강력한 원리들을 소개하고자 함이다.

교회 사역을 처음으로 그만 두었을 때 예전의 나와는 매우 다른 사람이 된 나를 느꼈다. 그동안 내가 해왔던 것들을 멈추고 뭔가 다른 것들을 선택한 것이 죽음의 문턱을 넘어 선 것 같은 엄청난 해방감을 안겨 주었다. '중단하기'를 결정하고 실행했던 것이 내 인생을 변화시킨 가장 중요한 방법이었다.

'중단하기'는 나를 어둠에서 빛으로, 거짓에서 진리로, 내적 속박에서 내면의 자유로, 슬픔에서 기쁨으로, 두려움에서 평안으로, 증오에서 사랑으로, 무지함에서 깨달음으로 인도했다. '중단하기'는 진정한 나 자신을 발견하게 했다. 그렇지 않음에도 그런 척하는 삶을 멈추게 했다. 나는 많은 것을 알지 못한다. 그러나 예수님께서 눈을 고쳐주셨던 맹인이 했던 고백, "한 가지 아는 것은 내가 소경으로 있다가 지금 보는 그것이니이다"(요9:25)가 나의 고백이 됐다.

끝으로, 당신에게 로사 파크가 했던 결정을 소개하고 싶다. 1950

년대, 인종차별이 있던 남부지역에 사는 아프리카출신 미국인, 로사 파크는 겉으로만 모든 것이 좋은 척하는 것에 지쳐버렸다. 퀘이커신도였던 저자 파커 J. 팔머는 그녀의 이야기를 다음과 같이 묘사하고 있다.

1955년 12월 1일, 알라바마주 몽고메리에서, 로사 파크는 그녀가 해서는 안 되는 무언가를 했다. 그녀는 백인전용 좌석이 있는 버스의 앞자리에 앉은 것이다. 그것은 인종차별 사회에서는 매우 위험하고 대담하며, 도발적인 행동이었다. "왜 그날 버스의 앞자리에 앉았나요?"라는 질문을 받자 로사는 사회운동과 같은 것을 위해서 그렇게 했다고 거짓으로 대답하지 않았다.…… 그녀는 그저 "피곤했기 때문에 그곳에 앉은 것이에요."라고 말했다. 그녀의 영혼과 마음이 지쳤고, 그녀의 온 존재가 지쳤다는 뜻이었다.[14]

로사 파크는 자신의 내면에 있는 고결함의 진리와 모순되는 표면적인 삶을 살기를 원치 않았다. 그녀는 내면으로는 슬픈데 표면적으로 웃는 삶을 사는 것을 거부했다. 겉만 포장하는 것을 멈추었다.
당신은 어떤 삶을 선택하고자 하는가? 당신의 진정한 내·외면의 모습을 발견하고, 그것들에 귀 기울이며 지금 당장 '중단'해야 할 것을 멈출 것인가? 아니면 자신의 소리를 무시하고 겉으로만 모든 것이 괜찮은 척하며 사는 삶을 지속할 것인가?

당신의 삶을 새롭고 아름답게 만들기를 열망하시는 성령님의 초자연적인 능력을 발견하고 의지하라. 더 이상 분리된 채로 살지 마라. 하나님의 힘과 격려를 붙들길 바란다. 그리고 기억하라. '중단하기'를 시작하기에 지금도 늦지 않았다. 변화하기로 결단하라. 그리고 그 변화를 이끌고 정착시킬 수 있는 충분한 시간을 당신에게, 그리고 주변사람들에게 제공하라.

참고자료

:: 서문

1. Joe Simpson, *Touching the Void: The True Story of One Man`s Miraculous Survival*(New York: HarperCollins, 2004),120-21,126.My account is also based on interviews with the two climbers in the film Touching the void.

::1장 다른 사람의 생각을 두려워하는 것을 중단하라

1. G. R. Evans, trans., *Bernard of Clairvaux: Selected Works,* Classics of Western Spirituality(Mahwah, NJ: Paulist Press, 1987), 173-205.
2. This is adapted from David Schnarch, *Resurrecting Sex*(New York: HarperCollins, 2003), 120-21.
3. Paul was reminding Peter of the essence of the gospel. God accepts sinners through faith in Jesus Christ alone and through his finished work on the cross. This is the way of salvation for all sinner, Jews and Gentiles alike.
4. Paker J. Palmer, *Let Your Life Speak: Listening to the Voice of Vocation*(San Francisco: Jossey Bass, 2000), 56-72.

::2장 거짓말하는 것을 중단하라

1. Virginia Satir, John Banmen, Jane Gerber, and Maria Gomori, *The Satir Model: Family Therapy and Beyond*(Palo Alto, CA: Science and Behavior Books, 1991), 301.

2. www.livescience.com/health/060515_why_lie.html
3. Sue Monk Kidd, *When the Heart Waits: Spiritual direction for Life`s Sacred Questions*(New York: HarperCollins,1990), 163.
4. Sandra Wilson, *Released from Shame: Moving Beyond the Pain of the Past*(Downers Grove, IL: InterVarsity Press, 1990), 78.

::3장 자신을 죽이는 것을 중단하라

1. In 2 Timothy 1:8 Paul writes, "John with me in suffering for the gospel, by the power of God."
2. For a well-round biblical explanation on the gift of limits, see chapter 8, "Receive the Gift of Limits," by Pete Scazzero, *The Emotionally Healthy Church: Updated and Expended Edition*(Grand Rapids: Zondervan, 2010).
3. Henri J. M. Nouwen, *The Return of the Prodigal Son: A Meditation on Fathers, Brothers and Sons*(New York: Doubleday, 1992), 101.
4. We highly recommend the following book as helpful th the *Prayer of Examen*: Dennis Linn, Sheila Fabricant Linn, and Matthew Linn, *Sleeping with Bread: Holding What Gives You Life*(Mahwah, NJ: Paulist Press, 1995).
5. Eugene H. Peterson, *Eat This Book: A Conversation in the Art of Spiritual Reading*(Grand Rapids: Eerdmans, 2006), 71.
6. David had to die to his lies, his adultery, when Nathan the prophet confronts him in 2 Samuel 11-12. He also had to die to his pride when he placed his trust in his military power rather than God in the powerful account of his counting his fighting men in 1 Chronicles 21:1-17.
7. For a more detailed understanding of this, go to Peter Scazzero, *The Emotionally Healthy Church.*
8. I encourage you to consider using any number of helpful tools that are available- the 16PF(Personality Factors), the MMPI, DISC, Myers-Briggs.
9. You mat also want to consider the questionnaire developed by Done Richard Riso and Russ Hudson, The Riso-Hudson Enneragram Type Indicator(Stone Ridge, NY: Enneagram Institute, 2000), or www.enneagraminstitue.com for an online version.
10. See Richard Rohr, *The Enneagram: A Christian Perspective*(New York: Crossroad, 2001); Renee Baron and Elizabeth Wagele, *The Enneagram Made Easy: Discover the 9 Typers of People*(San Francisco: HarperSanFrancisco, 1994).

::4장 분노, 슬픔, 두려움을 부정하는 것을 중단하라

1. Aristotle. Cited at www.wisdomquotes.com/quote/aristotle-10.html.
2. Adapted from Michael Yapko`s lectures found in Calm Down! A Self-Help Program for Managing Anxiety(Audio CD program)(Fallbrook, CA: Yapko Publications, 2008).
3. Henri J. M. Nouwen, Can You Drink the Cup?(Notre Dame, IN: Ave Maria, 1996).

::5장 비난하기를 중단하라

1. Virginia Satir developed what she called the Self-Esteem Maintenance Tool Kit. See Satir, Banmen, Gerber, and Gomori, The Satir Model, 293-97.
2. Peter L. Steinke, Congregational Leadership in Anxious Times: Being Calm and Courageous No Matter What(Herndon, VA: Alban Institute, 2006), 81.
3. For a fuller explanation of Sabbath, see Pete`s explanation of Sabbath in Pete Pete Scazzero, Emotionally Healthy Spirituality: Unleash a Revolution in Your Life in Your Life in Christ(Nashville, TN: Nelson, 2006), 165-73.

::6장 과도하게 일하는 것을 중단하라

1. The poem "Millie`s Red Dress," by Carol Lynn Pearson(www.clpearcon.com), is published in the *anthology Beginnings and Beyond,* published by Cedar Fort Press(Cedar Fort, Utah, 2005). Used by permission.
2. For an excellent discussion on overfunctioning, see Harriet Goldhor Lerner, *The Dance of Intimacy: A Woman`s Guide to Courageous Acts to Change in Key Relationships*(New York: Harper and Row, 1989), 102-22.
3. This was cited from a lecture given by Ed Friedman, available at www.leadershipinministry.com/may_i_help_you%3F.htm

::7장 잘못된 생각을 중단하라

1. Pastoring, supervising, and mentoring involve spiritual authority and are teacher/advisor relationships. Being one`s employer also carries with it a level of authority and power. Friendship is quite different. Friendship is quite different.

Expectations and demands are minimal. Power and authority are distributed equally and evenly. The boundaries are different. Friendship belongs more with peers and not so much in a relationship of teaching or advising.

2. A great deal of research has been done on higher modes(the high road) of brain processing that involve rational, reflective thought over against lower mode(or low road) processing that id more impulsive, reactive, and lacking in self-reflection. For more informartion, see Daniel J. Seigel and Mary Hartzell, Parenting from the Inside Out: How a Deeper Self-Understanding Can Help You Raise Children Who Thrive(New York: Penguin, 2003), 154-219, and Daniel Seigel, The Mindful Brain: Reflection and Attunement in the Cultivation of Well-Being(New York: Norton, 2007).

::8장 다른 사람의 삶을 사는 것을 중단하라

1. AI Janseen, Gary Rosberg, and Barbara Rosberg, *Your Marriage Masterpiece: Discovering God`s Amazing Design for Your Life Together*(Wheaton, IL: Tyndale, 2008), 15-18.

2. Palmer, *Let Your Life Speak*, 17-18.

3. This is a term used by Agnes Sanford, Sealed Orders(Alachua, FL: Bridge-Logos, 1972).

4. Dennis Linn, Sheila Fabricant Linn, and Matthew Linn, *Sleeping with Bread: Holding what Gives You Life*(Mahwah, NJ: Paulist Press, 1995), 21.

5. See Michael D. Yapko, *Breaking the Patterns of Depression*(New York: Broad Books, Random House, 1997), 284-320.

6. Steinke, *Congregational Leadership in Anxious Times*, 26.

7. This idea came to me as a result of the influence of Mary Oliver`s poem "Wild Geese." It can be found at: www.enflish.illinois.edu/MAPS/poets/m_r/oliver/online_poems.htm. Loving what you love is a way to bring glory to God.

8. This is also from Mary Oliver`s Poem "Wild Geese." Suffering for suffering`s sake does not make us good. Jesus desires mercy, not sacrifice(Matthew 9:13)

9. For a discussion in discerning the difference between God-given limits we are to receive and limits that God is asking me to break through, see Scazzero, The Emotionally Healthy Church, chapter 8(pp. 137-58).

10. This is a line from a Helen Keller poem entitled "Once in Regions Void of Light," It can be found at: www.abadeo.com/books/keller.html. The phase

"treasures in darkness, riches stored in secret places."

11. This line comes from a poem entitled "The Wisdom of the Deer," by Kent Osborne. The wisdom of the deer is to be present to one`s own dignity and the beauty of one`s whole story. Present knowledge of oneself is a treasure, imperfections and all.

12. Thid comes from a poem by Rumi entitled "The Guest House." www.panhala.net/Archive/The_Guest_House.html.

13. I first learned this helpful term from Parker Palmer, A Hidden Wholeness: The Journey toward an Undivided Life(San Francisco: Jossey Bass, 2004)

14. Palmer, Let Your Life Speak, 32-33.

제1판 1쇄 인쇄 | 2012년 2월 6일
제1판 1쇄 발행 | 2012년 2월 13일

지은이 | 피터 스카지로 · 게리 스카지로
옮긴이 | 안창선
디자인 | 박수현
펴낸이 | 강영숙
펴낸곳 | 다윗

등록 | 제2010-000025호(2010년 12월 20일)
주소 | (445-923) 경기도 화성시 향남읍 발안리 215
전화 | (031) 353-7755
전자우편 | littledavidbooks@gmail.com
ISBN 978-89-967468-0-5

값 12,000원

파본이나 잘못된 책은 바꿔 드립니다.
Printed in Korea